KB095878

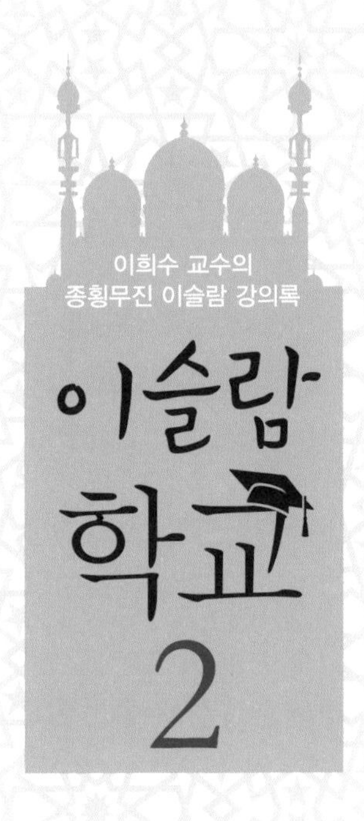
이희수 교수의
종횡무진 이슬람 강의록
이슬람
학교
2

국립중앙도서관 출판시도서목록(CIP)

이슬람 학교. 2 / 지은이: 이희수. -- 파주 : 청아출판사, 2
015
p. ; cm

ISBN 978-89-368-1073-3 04900 : ₩11000
ISBN 978-89-368-1071-9 (세트) 04900

이슬람 문화[--文化]
이슬람[Islam]

918-KDC6
956-DDC23 CIP2015024609

이슬람 학교 2

초판 1쇄 발행·2015. 10. 10.
초판 7쇄 발행·2020. 3. 30.

지은이·이희수
발행인·이상용 이성훈
발행처·청아출판사
출판등록·1979. 11. 13. 제9-84호
주소·경기도 파주시 회동길 363-15
대표전화·031-955-6031 팩시밀리·031-955-6036
E-mail·chungabook@naver.com

ISBN 978-89-368-1073-3 04900
978-89-368-1071-9 04900(세트)

* 값은 뒤표지에 있습니다.

이희수 교수의
종횡무진
이슬람 강의록
2
| 이희수 지음 |
이슬람 문명, 문화,
극단주의와 테러 그리고 석유
이슬람
학교
청아출판사

프레시안 인문학습원(http://www.huschool.com)에서 진행한 강의 〈이슬람 학교〉가 개교한 지도 7년이 되어 갑니다.

일반 대중을 상대로 한 이슬람 문화 강의는 대학 강의와는 전혀 다른 선물을 안겨 주었습니다. 매 학기 수강생 50여 명과 8강을 진행하면서 문화, 역사, 관습, 종교, 사회와 경제, 이슬람 원리주의와 테러 문제에 이르기까지 다양한 주제를 놓고 진지하고 첨예한 토론이 이어졌습니다. 고등학생, 시민 단체 종사자, 대기업과 중소기업의 CEO, 교사와 교수, 전문직 종사자나 샐러리맨, 가정주부와 은퇴자들을 포함해 많은 수강생들이 서울은 물론, 멀리 광주, 거창, 청주, 춘천 등지에서 매주 금요일 저녁 서울에 모였습니다. 그리고 우리에게는 아직도 생소하고 편견이 강한 이슬람 문제를 교실 안으로 끌고 와서 참으로 의미 있고 멋지게 〈이슬람 학교〉를 꾸며 주셨습니다. 몇 년을 계속 수강하면서 거의 이슬람 전문가가 된 분들도 계십니다.

이 책은 〈이슬람 학교〉의 강의록입니다. 16억 57개국을 가진 지구촌 최대 단일 문화권인 이슬람 세계를 편견 없이 들여다보고자

하는 우리나라 0.1%의 슈퍼 엘리트들을 위한 책입니다. 서구 중심의 역사에서 벗어나 이슬람의 눈으로 본 세계사, 이슬람 여성의 두 얼굴, 이슬람 문화와 종교의 특성, 이슬람 사회의 실체와 허구, 테러와 이슬람 문제, 이슬람권과 비즈니스 하기 등 꼭 알아야 할 내용들을 재미있고 유용하게 압축하고 있습니다.

무슬림들도 따뜻한 피를 가진 우리와 똑같은 사람들입니다. 이슬람 문화는 중세 천년 유럽이 마녀사냥과 암흑의 질곡에서 헤매고 있을 때 인류의 길을 밝혀 주었고, 지금도 가장 역동적인 모습으로 성장하면서 인류 발전에 크게 이바지하고 있습니다. 테러분자들의 끔찍한 얼굴을 이슬람으로 포장하는 교묘한 '이슬람 죽이기'는 문명 세계에서 이제는 더 이상 유효하지 않습니다. 이슬람권에서조차 반이슬람적 범죄 집단으로 낙인찍은 알 카에다와 IS 같은 테러 조직들의 극악한 행위를 전체 이슬람의 본질로 왜곡하는 일부의 선전 선동도 성공하기 힘들 것입니다.

종교가 공적 영역에 무분별하게 개입하는 사회는 건강한 담론을 이끌어 내기 어렵습니다. 많은 이슬람 국가가 아직은 그러한 상황입니다. 이런 원칙은 우리나라도 예외가 아닙니다. 자신과 다른 모습, 다른 가치를 배척하는 민족은 성공하지 못했고, 하나의 가치만을 선이라 주장하는 국가 체제는 오래가지 못했습니다. 인류 5천년 역사에서 한 치의 오차도 없는 절대 진리였습니다.

전 세계 4분의 1을 악마화하면서 96.9%를 대외무역에 의존하는 우리의 미래를 설계하는 자체가 무의미하다고 생각합니다. 이 땅에 영구 정착한 약 5만 명 미만의 무슬림 인구(전체 국민의 0.1% 미만)를 침소봉대하여 이대로 방치하면 한국이 이슬람 국가가 되리라는 주장도 전혀 설득력이 없습니다.

유럽의 무슬림 인구가 약 5천만 명으로 늘어나 유럽에서 이슬람교가 두 번째 종교가 된 상황에서도 서구는 발전하고 있습니다. 세계 최강국인 미국에도 약 700만의 무슬림들이 2,106개의 모스크(2010년 기준)를 중심으로 국가 사회에 크게 기여하고 있습니다. 그에 비하면 우리나라는 아직 이슬람이 발아 단계에도 오지 않았다고 할 수 있습니다.

우리는 지금 다른 분야에서는 세계 최고 수준의 지식 강국을 자랑하면서도 유독 이슬람권 문제에서만은 OECD 국가 평균은 물론, 제3세계 연구 수준에도 미치지 못하는 상황에 있습니다.

편견과 오류, 지나친 고정관념을 뛰어넘어 글로벌 문화를 있는 그대로 들여다보고, 나와 다른 가치를 이해하고 공존의 지혜를 찾고자 하는 것이 이 책의 취지입니다. 이는 또한 이슬람 학교 수강생들의 학습 목표일 것입니다. 이슬람 전문가가 되실 여러분에게 이 책을 전합니다.

이슬람 학교 교장

이희수

이슬람 학교 1

제1강

이슬람의 탄생

제2강

선지자 무함마드 이야기

이슬람은 무엇을 믿나요?

이슬람에서 여성으로 산다는 것

이슬람 학교 2

찬란한 이슬람 문명

이슬람 극단주의의 기원

이슬람 문화와 비즈니스

이슬람, 테러 그리고 석유

찬란한 이슬람 문명

Islam

중세까지 세계 최고의 문명은 이슬람이었다. 당시 이슬람은 서구 르네상스가 일어나는 기반을 제공했다. 그런 이슬람이 왜 오늘날에는 세상의 미움을 받는 주변부로 몰락해 버렸을까? 찬란한 문화를 누렸던 이슬람 문명이 어떻게 세상으로 확산되고, 오늘날까지 이어지고 있는지 살펴본다.

오늘은 이슬람 문명의 전성기로 갑니다. 지난 시간까지 고대 문명과 여성에 관한 문제를 보고, 초기 이슬람이 빠른 속도로 전파된 과정과 역사적 배경, 이슬람이 갖고 있었던 노하우를 얘기했죠? 그런데 이게 세상으로 확산됩니다. 그 확산이 어느 정도 수준에 도달했는지, 그 문명이 지역적인 문화로 끝났는지, 아니면 인류 사회 전체에 영향을 끼쳐서 오늘날까지 이어지고 있는지 살펴볼까 합니다.

그 잘 나가던 이슬람이 왜 오늘날 이 모양 이 꼴로 세상의 미움을 받는 주변부로 몰락해 버렸을까요? 왜 사사건건 서구 사람들과 반목할까요? 지난 천 년간 세계 문화를 지배했던 이슬람이, 야만인이라고 폄하하고 머슴살이를 시켰던 서구 사람들로부터 지금은 머슴살이를 당하고 있는 거나 다름없잖아요. 이걸 못 견디는 겁니다.

우리나라는 항상 침략을 받았기 때문에 주어진 상황을 현실로 받아들이고 어떻게 하는 것이 유리한지 실용적으로 생각할 수밖에 없었습니다. 우리 민족은 늘 바쁘죠? 항상 경계의 눈치를 보내고 잠시도 긴장의 끈을 늦

출 수 없습니다. 강대국 틈바구니에서 생존해야 하기 때문입니다. 우리나라 표어도 '다이내믹 코리아'잖아요. 위키피디아에 보면 한국 문화를 대표하는 말로 '빨리빨리'가 올라와 있습니다. 참 현실적인 민족입니다.

그런데 이슬람 입장은 어떨까요? 자기네들이 천 년에 걸쳐서 유럽 사람들을 가르쳐 줬잖아요. 야만에서 일깨워 줬는데, 서구 사람들이 돈 좀 있다고 경제를 장악하고, 힘 좀 세다고 정치를 장악하고, 영어가 세계적인 통용어가 되면서 지식과 정보를 독점하고는 따라오라고 합니다. 따라가고 싶겠습니까? 그래도 90% 정도는 속으로는 부글부글 끓어도 주어진 현실을 인정하고 실용적인 윈-윈 노선을 걸으려고 합니다. 하지만 그중에 5%는 도저히 그렇게 못하겠다는 겁니다.

그들 주장은 이렇습니다. '우리가 이 모양 이 꼴이 된 것은 중세 때 화려했던 우리 가치를 버리고, 잘못되고 오염된 야만스러운 서구를 따라가려고 했기 때문이다. 지금이라도 우리가 추구했던 가치와 종교 그리고 율법과 계율로 충실하게 돌아가자. 그것만이 살 길'이라는 겁니다. 신앙에 가까운 확신을 주장하고 있습니다.

인류학에 '박해를 당할수록 정체성은 강해진다'라는 이론이 있습니다. 다문화 정책에서 소수민족이나 이주민을 차별하면 점점 그들의 정체성이 돌덩이처럼 굳어집니다. 반대로 열어 주면 흐물흐물해져서 주류 사회에 스며들어 녹아 버립니다. 만고불변의 법칙입니다. 저항하니까 누르고, 또 저항하니까 누르고 하다 보니 극단주의자들이 힘을 얻게 되는 겁니다.

이슬람의 기본 정신은 포용과 융합입니다. 지금의 이슬람과 전혀 안 맞죠? 이슬람이 만들어진 메카라는 곳은 문화적으로 축적된 하부 구조가 없는 거나 마찬가지입니다. 그러나 뛰어난 종교적 열정이 있었습니다. 유대교와 기독교를 받아들여 업그레이드된 신학 체계를 만들었고, 군사력에서 갖는 우월감, 새로운 세상에 대한 선도적인 소명감, 조세 제도나 토지 공개념 같은 민생 정책, 게다가 개종을 하면 인두세를 면제해 주는 통치 기술까지 아주 단단한 용광로의 외관을 갖추고 있었습니다.

문제는 메카라는 곳 자체가 원래부터 콘텐츠가 없는 곳입니다. 그래서 이슬람 문화는 기본적으로 텅 비어 있는 용광로라고 보시면 됩니다. 문화적인 하부 구조를 빠른 시간 안에 만들려면 정복 전쟁을 하면서 정복한 지역의 문화를 온몸으로 받아들일 수밖에 없었습니다. 태생적인 과제였습니다. 여기서 포용과 융합의 정신이 나옵니다. 이게 이슬람 문화의 특징입니다.

이슬람은 주변 문화를 적극적으로 수용했을 뿐만 아니라 그것을 자기화하는 데에도 성공했습니다. 이게 중요합니다. 껍데기만 모방하면 생명을 잃고 언젠가는 변질되거나 사라졌을 텐데, 이슬람 세력은 받아들이되 자기화했습니다. 문명이란 것은 자기와 다른 생각과 가치가 섞여 어울리는 데서 발생합니다. 그 모순 속에서 새로운 창의성이 생기거든요. 그래서 동종 집단에서는 창의력이 생기기 어렵습니다. 완전히 다른 것들이 무한으로 섞일 때 누구도 경험하지 못했던 창의적인 문화가 생기는 겁니다.

요약하면 다양한 문화의 완전한 흡수와 융합 정신이 바로 이슬람 문화의 특징입니다. 이슬람의 특징을 쉽게 한 단어로 이야기하라고 한다면 저는 '완벽한 잡탕 문화'라고 말하겠습니다. 역설적이게도 문화는 잡탕일수록 우수합니다. 단일 문화는 고이고 썩어서 경쟁력이 떨어져 결국 오래 못 갑니다.

우리도 살다 보면 자기보다 조금이라도 유리한 게 있으면 받아들이지 않습니까? 기술도 조금 앞선 것이 그렇지 못한 곳에 전파되면서 발전하잖아요. 그 변화의 물줄기를 차단하고 자기들끼리 고여 있으면 얼마 못 갑니다. 완전히 열고 과감하게 받아들여서 잘 녹여 낼 때 생명력이 자라납니다. 거기에서 문화적 역동성이 생깁니다. 이런 이슬람의 포용과 융합 정신이 천 년을 갑니다. 얼마나 길게 갑니까? 받아들이는 데는 귀재들이었습니다. 받아들이는 데 익숙하니까 포용과 융합이 이슬람의 기본 철학이 될 수밖에 없는 겁니다.

지난 시간에 배웠죠? 메카에서 출발한 이슬람이 새로운 시대적 소명을 품고 300년간 사산조 페르시아와 비잔틴 제국의 틈바구니에서 시달리며 새로운 이념에 목말라하던 오리엔트 사람들을 향해 나아갑니다. 오른쪽으로 페르시아를 툭 치니까 한번에 무너졌습니다. 전쟁다운 전쟁도 못해 보고 그 큰 제국이 무너졌습니다. 고대 페르시아 때부터 축적돼 온 오리엔트 지역의 거대한 페르시아 문화가 고스란히 이슬람 용광로 속으로 들어옵니다. 이것이 첫 번째 포용입니다.

이제는 왼쪽으로 고개를 돌려 서쪽에 있던 비잔틴 제국을 툭 칩니다. 역시 비잔틴이 KO패 당하죠? 멸망하지는 않았지만 소아시아를 포기하고 콘스탄티노플로 쫓겨 갑니다. 콘스탄티노플 성벽은 3중으로 지구상에서 가장 견고합니다. 이때부터 1453년 오스만 튀르크에게 함락될 때까지 800년간을 더 버팁니다. 그러나 비잔틴이 지배하던 오리엔트 지역은 이슬람에게 다 내줍니다. 유럽이 축적해 왔던 그리스 로마 문화와 지중해의 거대한 동로마 문화를 또 한 축으로 받아들입니다. 두 번째 포용입니다. 인류 역사상 이런 경우는 없었습니다.

그 시대 지구상에 존재하던 두 슈퍼파워인 페르시아 문화와 동로마 문화, 즉 그리스 로마의 지중해 문명과 오리엔트 문명을 한꺼번에 받아들인 겁니다. 그것도 매우 짧은 시간에 그렇게 했습니다. 속도가 느렸다면 또 어땠을지 모르겠습니다만, 한꺼번에 하나의 용광로에 섞여 버렸습니다.

페르시아에서는 주로 제국 운영을 위한 행정 체계와 제도를 도입했고요, 유럽에서는 지중해의 광범위한 철학과 사상을 받아들입니다. 이것이 이슬람의 두 버팀목입니다. 이 부분이 설명돼야 사막 한가운데서 한 인간이 신의 계시를 받아 시작된 이슬람이 1,400년이 지난 지금까지 어떻게 16억 명이라는 추종자를 거느리고 지구상에서 가장 역동적인 모습으로 성장하고 있는지 이해할 수 있습니다. 이론적으로는 도저히 설명이 안 됩니다.

이슬람 문명의 지식 엔진 바이트 알 히크마와 이슬람 르네상스

페르시아와 비잔틴, 이 두 지식 체계를 종합하는 구체적인 용광로가 이슬람 제국 안에 있었겠죠? 그 지식 엔진이 바로 '바이트 알 히크마Bait al-Hikma'입니다. 바이트는 집이라는 뜻이고, 히크마는 지혜입니다. '지혜의 집'이라는 뜻이죠. 인류 최초의 지식 아카데미, 즉 종합대학입니다.

바이트 알 히크마는 9세기 초 아바스 제국의 칼리프였던 알 마문이 설립했습니다. 이곳은 그리스 아테네에 있던 아카데미아를 본떠서 만들었습니다. 우리나라에는 지혜의 집과 관련해 《지혜의 집, 이슬람은 어떻게 유럽 문명을 바꾸었는가》라는 번역서가 있습니다. 이 책에는 당시 이곳이 어느 정도의 학문적 역량을 가지고 있었고, 세계 인류 문명에 어떤 영향을 끼쳤는지 잘 설명되어 있습니다.

바이트 알 히크마가 설립된 당시 수도는 바그다드였습니다. 그때부터 500년간 바그다드는 세계 최고의 도시였습니다. 서구에서 잊혀 가던 그리스 학자들의 업적이 이곳에서 계승되고, 축적되고, 재평가되고, 발전됩니다. 플라톤과 아리스토텔레스의 철학은 물론이고요, 유클리드의 기하학과 프톨레마이오스의 천체학, 아르키메데스의 지리

세계 최고 수준의 학문 전당이었던 바이트 알 히크마에서 연구하고 있는 학자들

학, 갈레누스의 의학 등이 모조리 집대성됩니다.

이슬람이 페르시아를 무너뜨렸죠? 그 오른쪽엔 누가 있나요? 인도가 있습니다. 인도가 또 인류 문명의 한 축이잖아요. 인도가 가지고 있던 독창적인 학문 영역까지 다 받아들입니다. 세 번째 포용입니다. 앞에서 탈라스 전쟁을 이야기했죠? 탈라스 이후에 중국의 모든 기술

수술 방법을 배우는 의사

과 학문적 전통이 이슬람 세계에 들어옵니다. 바이트 알 히크마가 세워진 9세기는 이미 탈라스 전쟁 이후입니다.

그리스 로마의 지중해 문화, 메소포타미아에서 축적된 오리엔트 문화, 인도의 대수학과 수학적 지식, 중국의 제지술과 비단 직조술, 화약과 나침반 그리고 형이상학적 지식까지를 직접 접촉해서 받아들

아바스 시대에 쓰인 과학 원고

이잖아요. 상식적으로 생각해 봐도 인류 문명 5천 년 역사에 이런 때가 없었습니다.

이를 바탕으로 10~13세기에 바그다드를 중심으로 인류 최초의 르네상스가 일어납니다. 그때까지 그 누구도 경험하지 못했던 인류 최고 수준의 르네상스였습니다. 유럽보다 정확하게 500년 전에 일어났습니다.

그런데 의문이 하나 있습니다. 서구에서는 잊혔던 그리스 학자들의 업적이 왜 이슬람에서 받아들여지고 녹아들었을까요? 당시 서구는 적어도 종교개혁이 일어나기 전까지 인간의 이성과 합리성을 신의 오묘한 섭리에 도전하는 오만불손하고 위험한 요소로 봤습니다. 신의 영역에 도전하는 비신앙적 태도로 간주한 거죠. 물론 부분적으로 개인적인 학문의 연구 성과가 있었지만, 전반적인 사회 흐름이 그랬습니다. 따라서 그리스 철학이나 지리학, 천체학 등을 위험하게 볼 수밖에 없었습니다. 특히 천체학은 하늘을 연구하는 거잖아요. 더더욱 위험하게 봤습니다. 그렇게 사회적으로 사장돼서 천 년을 가지 않습니까?

이슬람이 그것을 받아들인 뒤 다시 유럽에 전파해 줌으로써 비로소 천 년의 공백을 메울 수 있었습니다. 그리고 19세기 말에 유럽이 그 공백을 극복하고 완성하기 시작하죠. 유럽 르네상스가 일어나고도 400~500년 뒤에 겨우 유럽의 맥을 완성합니다. 유럽에 역사학이 뿌리를 내리기 시작한 것은 랑케 때부터입니다. 서양에서는 랑케를 근대 역사의 아버지라고 이야기하잖아요. 서양 문명 우월론자의 대표 학자였던 이분이 바로 19세기 사람입니다.

메디치 가
르네상스 시대 이탈리아 피렌체를 지배한 명문. 무역업과 금융업으로 부를 축적하고 르네상스 시대 문예를 보호하고 장려했다.

바그다드발 르네상스가 유럽에 전파된 경로

바그다드발 르네상스가 유럽에 어떻게 전해졌을까요? 물론 곧바로 전해진 건 아닙니다. 이슬람이 800년간 지배했던 스페인이 매개가 됩니다. 이슬람은 711년부터 이사벨라 여왕이 스페인을 되찾는 1492년까지 스페인을 지배했습니다. 가장 오랫동안 이곳 수도는 코르도바였고, 이사벨라 여왕에게 함락될 때 이슬람 나스르 왕조 수도는 그라나다였습니다. 알람브라 궁전이 있는 곳이죠.

스페인의 이슬람 지역을 안달루시아라고 하는데요, 그 당시 안달루시아의 학문적 중심지는 톨레도였습니다. 가톨릭 수도회 제로니무스가 운영하는 세계 최대의 번역소가 바로 톨레도 대성당에 있었습니다. 이슬람이 지배하던 시대였습니다만, 가톨릭 수도회가 왕성하게 활동했습니다. 전 세계에서 수백 명의 최고 학자들이 이곳으로 몰려들었습니다. 그들은 이슬람이 축적한 모든 학문의 업적을 라틴어로 번역합니다. 오래 걸렸겠죠? 번역된 책들은 메디치 가를 중심으로 피렌체와 후일 로마에 본격적으로 흘러들어 갑니다. 이 경로를 따라 유럽 르네상스가 꽃을 피우기 시작합니다.

유럽에서는 천 년 동안 과학과 학문이 신의 영역에 도전하는 비신앙적인 위험한 행위로 간주됐습니다. 그런 학문 풍토에서는 갑자기 르네상스가 일어날 수 없습니다. 어떤 논리로도, 문화적인 이론으로도 설명이 불가능합니다. 그런데 15세기 들어서면서 유럽에 이전 천 년과는 도무지 비교할 수도 없고, 상상할 수도 없는 새로운 패러다임 변화가 일어나잖아요. 그 원동력이 하늘에서 갑자기 떨어졌겠습니까?

이미 천 년 동안 축적된 문화적 자양분과 지식의 하부 구조가 이슬람 사회에 존재해 왔고, 그것이 톨레도라는 매개를 거쳐 유럽에 유입된 겁니다. 그래서 톨레도가 인류 지성사에서 굉장히 중요한 의미를 갖습니다. 여러분 스페인에 가시면 톨레도에 일부러라도 가 보십시오. 마드리드에서 서남쪽으로 약 한 시간 거리밖에 안 됩니다. 저는 기타로 유명한 세고비아보다 톨레도를 더 추천합니다.

바그다드발 르네상스가 동쪽으로는 실크로드를 타고 이동합니다. 14세기 티무르 시대에는 중앙아시아의 르네상스를 일으킵니다. 티무르라고 하면 침략자, 약탈자, 문화 파괴자라는 선입견이 있잖아요. 르네상스라는 말과는 도무지 어울리지 않아 보이실 겁니다.

그러나 티무르 시대 때 이곳 천문학은 세계 최고 수준이었습니다.

유럽 르네상스가 발흥하는 데 단단한 지적 토양 역할을 했던 스페인의 톨레도

오른쪽에 앉아 있는 울루그 벡과 천문학자들

울루그 벡 천문대가 당시 세계 최고의 천문대였습니다. 울루그 벡은 티무르의 손자입니다. 그 당시 고고학이나 천문학은 왕족들이 하는 거였습니다. 울루그 벡 천문학의 과학적 업적들이 나중에 세종대왕 시대의 과학 발명에 굉장히 큰 영향을 끼칩니다.

아무리 그래도 중앙아시아면 중국 오랑캐들인데 문화가 있으면 얼

사마르칸트에 있는 울루그 벡의 천문대 터

마나 있겠냐고 반문하시는 분들도 계실 겁니다. 이럴 땐 어디를 가 봐야 하나요? 모든 진실은 현장에 있습니다. 우즈베키스탄의 사마르칸트, 부하라, 히바, 이 세 곳을 보면 여러분 생각이 바뀌실 겁니다.

연산학을 영어로 뭐라고 하나요? 알고리즘Algorithm입니다. 대수학은요? 알지브라Algebra라고 합니다. 알고리즘은 연산학을 발견한 사람

서양 의학의 아버지라고 불리는 이븐 시나

인 알 카와리즈미의 이름에서 따온 겁니다. 부하라 출신입니다. 대수학의 창시자 알 지브라도 여기 사람입니다. 여기서 완성된 학문적 업적들을 지금 인류가 학문 용어로 쓰고 있습니다. 그냥 무시해도 좋은 지역은 아닙니다.

서양 의학의 아버지 중에 아비켄나가 있습니다. 의학사 시험에 반드시 나오니까 의대 졸업생들이라면 꼭 알고 있는 인물입니다. 아랍 발음으로는 이븐 시나입니다. 이 사람이 쓴 의학 서적 《캐논》은 르네상스 훨씬 이후인 17~18세기 초까지도 케임브리지와 옥스퍼드 같은 유럽의 유명한 의과대학에서 교과서로 사용됐습니다. 그만큼 서양 의학에서 불멸의 이름이죠. 이 아비켄나가 사마르칸트 사람입니다.

의학의 아버지, 대수학의 아버지, 연산학의 아버지, 또 천문학의 아버지가 다 중앙아시아 출신입니다.

티무르에서 일어난 르네상스가 원나라와 명나라를 거쳐 조선에 닿아 세종의 르네상스로 이어집니다. 또 다른 방향으로는 바그다드의 르네상스가 인도의 무굴 제국으로 이어집니다. 무굴 제국을 상징하는 게 뭡니까? 바로 타지마할이죠? 이 타지마할과 유럽의 르네상스가 비슷한 시기입니다.

유럽에서 르네상스가 일어나기 500년 전부터 바그다드를 중심으로 톨레도부터 중앙아시아, 중국 원나라와 명나라, 조선, 인도에 이르기까지 거대한 르네상스의 파도가 일어나고 있었습니다. 세계사적인 현상입니다. 우리가 서양 중심의 역사만 받아들이다 보니까 서양의 르네상스만 머릿속에 남아 있잖아요. 그 르네상스도 하늘에서 떨어진 게 아닙니다. 바그다드발 르네상스의 상호 유기적인 나비효과라고 봐야 합니다.

이처럼 아시아 르네상스에 대한 진정한 이해 없이 유럽의 르네상스를 이해하기란 어렵습니다. 그렇다고 유럽의 르네상스를 깎아내리거나 폄하할 의도는 전혀 없습니다. 보편적인 흐름 속에서 이해하자는 것이죠.

정리하자면 중세 이슬람 문명은 유럽의 르네상스를 가능하게 한 지적 원동력이었습니다. 이 말은 지금 우리나라 교과서에도 들어가 있습니다. 이 정도는 가르치는 시대가 된 거죠. 651년 우마이야 왕조가 만들어졌을 때 수도는 다마스쿠스였습니다. 750년에 바그다드로 수도를 옮기고 1453년 콘스탄티노플을 함락한 뒤 오스만 튀르크가 빈을 공격한 1683년까지, 즉 651년부터 1683년까지가 이슬람 제국의 전성기였습니다. 그래서 이슬람 천 년 제국이라고 부릅니다.

합스부르크 가
중부 유럽의 명문 왕가. 루돌프 1세가 신성 로마 제국 황제로 등극한 이래, 제1차 세계대전 종전까지 유럽에 막강한 힘을 발휘했다.

그 극점이 1683년입니다. 당시 빈은 유럽 최강국이었던 오스트리아 합스부르크 가의 심장부였습니다. 이곳이 세 차례나 공격당합니다. 빈도 그 성채가 굉장히 견고합니다. 오스만 튀르크가 함락에 실패해서 살아남았지만, 유럽 사람들은 그동안 큰 두려움에 떨어야 했습니다.

왕조, 왕국, 제국

어떤 정치 체제는 왕조Dynasty이고, 어떤 정치 체제는 왕국Kingdom이고, 또 어떤 정치 체제는 제국Empire입니다. 이를 어떻게 구분하는지 아시나요? 정복한 민족 수, 지배하고 있는 영토의 크기를 보고 분류하는 경우도 있지만, 더 정확하게는 문명을 받아들이는 크기에 따라 이 세 가지를 분류합니다.

신라는 왕국입니까 왕조입니까? 신라 왕조라고 못 들어보셨죠? 신라는 왕국입니다. 역사적 정의가 분명합니다. 왔다 갔다 하지도 않습니다. 조선은 왕국입니까 왕조입니까? 조선 왕조죠? 그런데 로마는 왕조나 왕국이 아니라 제국이라고 부릅니다. 오스만도 오스만 제국이라고 부릅니다. 이 차이가 뭘까요?

순혈주의를 제일 강조하는 곳이 왕조입니다. 단일 민족, 단일 문화, 단일 이데올로기가 강조되는 나라입니다. 그래서 조선은 왕조입니다. 전주 이씨라는 왕통이 굉장히 중요하고 정치적인 중심이죠. 대가 끊어지니 강화도에 있는 철종까지 데려다가 왕좌에 앉히지 않습니까? 순혈주의를 이어 가려는 겁니다. 중국 문화만이 최고의 가치고 나머지는 오랑캐 문화로 치부하면서 가지치기를 하잖아요.

반면 신라는 왜 왕조가 아니라 왕국일까요? 박혁거세 박씨도 왕통이고, 김알지 김씨도 왕통이고, 석탈해 석씨도 왕통이고, 거기에다 선덕여왕, 진덕여왕처럼 모계로도 왔다 갔다 합니다. 이 경우는 순혈주의보다는 열려 있잖아요. 이런 경우를 왕국이라고 부릅니다.

마지막으로 제국은 수많은 다른 민족, 다른 이데올로기가 한 용광로에 녹아 있을 때 그렇게 부릅니다. 제국의 특징을 살펴볼까요?

제국은 단일 민족과 단일 이데올로기로는 성립될 수 없습니다. 다양한 민족과 종교가 한 용광로 속에 녹아 있을 때 제국이라고 부릅니다. 또 얼마나 잘 녹아 있느냐에 따라 제국의 수명이 결정된다고 합니다. 이게 '용광로 이론'입니다. 그 용광로가 식으면 모자이크 사회로 가고, 거기서 더 식으면 모자이크가 떨어지기 시작하면서 제국이 멸망합니다.

용광로 이론에 따르면 수많은 사람들이 들어와 잘 녹아 있으면 개별적으로 보이지 않죠? 이게 건강한 사회입니다. 이 상태가 유지되면 제국은 끊임없이 역동적으로 성장합니다. 시오노 나나미가 쓴 《로마인 이야기》를 읽어 보면 처음부터 끝까지 민족, 출신, 계층에 상관없이 누구든지 로마라는 정치 체제를 받아들이면 로마 시민으로서 권

브루투스 아들들의 시신을 옮기는 모습

리를 다 누렸다고 나오죠. 이게 로마 천년 제국의 비결 아닙니까?

로마 황제 중에 노예 출신들이 많습니다. 아버지가 노예였는데 아들은 황제가 된 경우가 세 사람이나 있죠? 혈통이 아무 상관없습니다. 그래서 로마에서는 권력을 자기 자식에게만 주지 않습니다. 대개는 양자를 들입니다. 가장 능력 있고 똑똑한 아이를 양자로 들여서 그에게 황제 자리를 물려줬습니다. 능력 없는 친자에게 물려줬다가 제국이 약화되는 경우가 많았습니다.

제국의 두 번째 특징은 법치입니다. 요즘 우리나라에서도 이게 잘 안 되잖아요. 로마 시대에 가장 뛰어난 인물 중 하나로 카이사르를 많이 이야기합니다. 영토를 넓히고 자긍심을 높이는 데 카이사르가 중요한 역할을 한 것은 맞습니다. 그러나 로마를 천년 제국의 반석 위에 올린 인물을 한 사람만 꼽으라고 한다면 저는 브루투스를 꼽겠습니다.

브루투스에게는 아들이 둘 있었습니다. 그런데 총애해 마지않던 아들들이 그만 귀가 얇아서 역모에 연루됩니다. 실제로 역모를 한 건 아닙니다만, 철없이 휩쓸린 거죠. 당시 로마법에 따르면 역모에 연루된 사람은 공개 석상에서 기절할 때까지 채찍질하고, 정신을 잃으면 도끼로 목을 자르게 돼 있었습니다. 적극적이든 소극적이든 역모에 연루되면 전원 이 법에 따라야 합니다.

심정적으로야 동정이 가겠죠. 당시 브루투스 직책이 집정관이었습니다. 집정관의 아들이 어떻게 역모를 하겠습니까? 원로원에서도 동정론이 입니다. 법이란 정상을 참작할 때 진정한 법이 된다고 주장합니다. 아들이 역모를 일으켜 아버지를 몰아내려 했다고 믿을 수 없다는 거죠. 그러나 사람들에게 역모에 대한 경고는 있어야 하니 채찍형만 하자고 요구합니다. 여론이 그렇게 완전히 돌아섰습니다.

브루투스가 이때 로마법이 어떻게 되어 있는지 묻습니다. 집정관 비서가 역모에 해당하는 로마법을 낭독합니다. 낭독을 들은 뒤에 브루투스가 "법대로 하라." 하고 명령을 내립니다. 이때 신하들이 법 집행을 할 테니 자리를 피해 달라고 부탁합니다. 아들이 처형되는 모습을 보이지 않겠다는 뜻이겠죠? 브루투스는 이를 거절하고 "내 앞에서 하라." 하고 또 명령합니다. 집정관이 확인해야 하니까요.

아들 둘이 죽도록 맞고 기절한 상태에서 목이 잘려 나가는 모습을 직접 봅니다. 방에 들어가서는 얼마나 울었겠어요. 형이 집행되고 나서 유명한 말을 합니다.

"이로써 로마법은 지켜졌다. 이후로도 로마법은 지켜져야 한다."

이런 정신 때문에 천년을 가는 겁니다. 예외 없는 절대 법칙입니다. 법이라는 틀 안에 신분과 지위에 상관없이 누구나 녹아 있잖아요. 그런데 여기서 역동성이 떨어지면 구별이 시작됩니다. 나 잘났다 너 잘났다 하면서 툭툭 튀어나와 각자의 모습들이 보이기 시작합니다. 용광로 사회에서 모자이크 사회로 가는 거죠. 모자이크는 멀리서 보면 꽤 아름답잖아요. 그러나 가까이서 보면 다 따로 놉니다. 그러다 보면 이합집산이 일어나서 뭉텅이째 떨어져 나가기 시작합니다. 전체적인 구도가 깨지면서 제국이 멸망하게 되는 거죠.

제국의 세 번째 특징은 지구상에 존재하는 모든 나라의 산물과 인종을 기록하고 보관하는 것입니다. 제국은 방대한 데이터베이스를 가지고 있습니다. 지금도 그렇죠. 일본도 우리를 식민 지배할 때 그랬고, 미국이나 영국도 식민지의 모든 디테일을 기록해서 데이터베이스로 만들었습니다. 이걸 토대로 100년, 200년 지배 전략을 세우는 거죠. 이슬람이 천 년 제국이었다면 당시 지구상에 존재하던 모든 나라들에 대한 기본적인 데이터를 가지고 있을 수밖에 없습니다. 정보와 커뮤니케이션의 독점 시스템이죠.

이슬람 천 년 제국은 통일신라, 고려, 조선 중기까지 해당됩니다. 당연히 우리에 대한 기록을 가지고 있겠죠? 가장 오래된 신라 기록도 있습니다. 지금까지 18명의 학자가 쓴 23권의 아랍어 필사본에서 신라에 대한 내용들이 확인되어 학계에 보고됐습니다.

최근에는 고대 페르시아 구전 서사시인 〈쿠쉬나메〉가 발굴됐습니다. 여기에는 페르시아 왕자 아비틴이 신라에 와서 신라 공주 프라랑과 결혼하고 삼국 통일에도 크게 기여했다는 내용들이 나옵니다. 전체 820쪽 중에서 500쪽가량이 신라에 관한 내용입니다. 우리 학계가 앞으로 이 500쪽을 하나하나 분석해 나가야 합니다.

이 연구가 마무리되면 우리 고대사를 새롭게 해석할 수 있는 기회

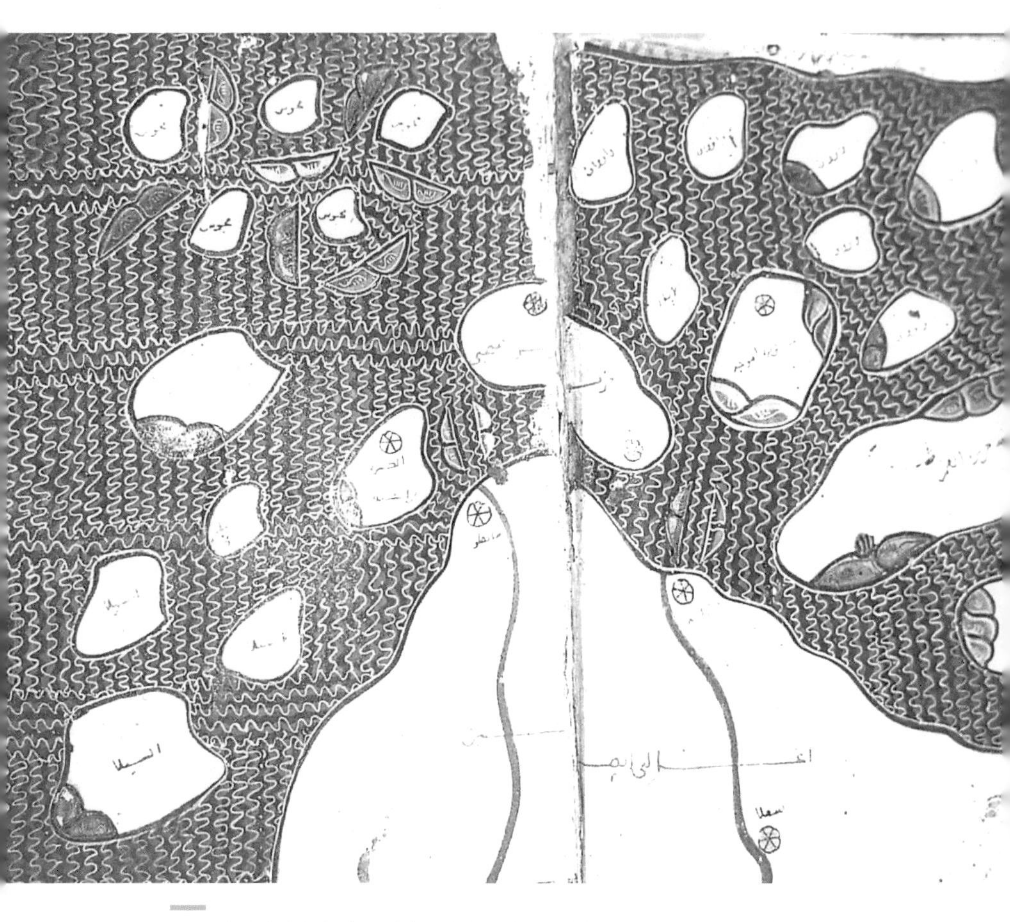

1154년에 아랍 학자 알 이드리시가 그린 세계 지도로, 신라는 중국 동쪽에 6개의 섬으로 묘사되어 있다.

가 열릴 것 같습니다. 신라에 대한 기후, 지리, 궁중 의례, 복식, 신라인들의 인문 지식, 천문 지식들이 담겨 있는 거죠. 역사적으로 다 밝히려면 적어도 30~40년은 걸릴 겁니다. 그래서 당장은 콘텐츠 개발을 많이 하고 있습니다. 동화와 소설로 이미 나왔고, 무용극으로도 여러 편 공연됐습니다. 지금은 애니메이션 시나리오를 한창 개발하고 있습니다.

아랍에서 꽃핀 학문

이젠 좀 구체적으로 살펴봅시다. 제3세계에서 법원 판사들이 입는 복장을 보면 재밌죠? 어디서 온 겁니까? 유럽식이죠? 법치를 먼저 이룬 곳의 문화적인 코드를 본받고 싶어 하는 겁니다. 한복 입고 판결하는 걸 보신 적 있나요? 문화는 항상 먼저 일어난 곳이 전례가 되어 뒤따라오는 곳에 전파되는 특징이 있습니다. 학문도 마찬가집니다. 자기보다 못한 문화나 학문은 절대 받아들이지 않습니다. 항상 위쪽을 바라보죠.

유럽 최고의 신학자 토마스 아퀴나스는 다들 아시죠? 그의 스승이 누구냐면 알베르투스 마그누스입니다. 유럽 신학사에서 사라지지 않을 불멸의 대학자입니다. 이분이 활약한 시기가 13세기였습니다. 당시에는 이슬람이 최고의 문명이었습니다.

이때만 해도 아랍 복장은 이교도의 상징이나 단순 유행이 아니라

수학, 자연학, 형이상학 등 폭넓은 교양을 갖췄던 신학자 알베르투스 마그누스

학자의 품위와 신분을 상징하는 표현으로 받아들여졌습니다. 알베르투스 마그누스도 1245년에 아랍 복장을 하고 파리에 도착해 화제를 모았던 일이 있습니다. 당시 유럽의 최고 석학이 아랍식 복장을 하고 나타난 것입니다. 아랍의 문화코드가 유럽인들이 지식인인 체, 성직자인 체하는 데 도움이 된 겁니다.

이처럼 아랍 복장 수요가 늘어나자 수입 직물에 생산지 이름을 붙인 게 그대로 유통돼 상품 이름이 됩니다. 모슬린Muslin이라고 들어보셨나요? 이라크 북쪽 모술에서 수입한 직물입니다. 지금 IS가 점령한 곳이죠. 바그다드에서 온 천은 발다친Baldachin이라고 불렀습니다. 발다친은 바그다드의 이탈리아어 표기입니다. 다마스크

유럽 최고의 신학자로 꼽히는 토마스 아퀴나스

Damask는 어디서 온 걸까요? 네, 다마스쿠스에서 온 천입니다. 다들 이와 같은 시대적 풍조 속에서 만들어진 이름입니다.

이제 학문 쪽을 좀 살펴볼까요? 먼저 수학에서는 프톨레마이오스의 대작《알마게스트》가 아랍어로 번역됐고, 알 카와리즈미의 대수학이 완성됐습니다. 알 파르가니의 천문학과 점성학, 아부 마샤르의《천문학 개설》이란 책이 그때 이미 나왔습니다. 특히 인도에서 영(0)의 개념을 들여와서 유럽으로 전해 줍니다.

의학 부문에서는 11세기 들어 히포크라테스와 갈레누스 등 오리엔트 출신의 그리스 의사들이 쓴 의학서가 아랍어로 번역됩니다. 앞서 다룬 이븐 시나, 즉 아비켄나의 의학종합백과사전인《캐논》은 13세기 이후 라틴어로 번역되어 수백 년 동안 유럽 의과대학의 기본 교재로 사용됐습니다. 철학에서는 아리스토텔레스의 신플라톤 철학 이론을 정리한 알 킨디와 알 파라비의 주해가 유명합니다. 두 사람 다 안달루시아에서 활약한 아랍 학자들입니다. 이븐 시나는 의학뿐만 아니라 철학에서도 두각을 나타냈습니다. 그의 철학 연구서는 13~14세기 유럽 대학의 표본이 됩니다.

그리스 학문을 완성하는 데 필요한 자양분을 오리엔트에서 공급받았다는 사실은 이미 말씀드렸죠? 히포크라테스는 기원전 5~6세기 지금의 터키 쪽에 있는 페르가몬 출신입니다. 갈레누스는 같은 지

학문의 아버지 아리스토텔레스(왼쪽 위)
역사의 아버지 헤로도토스(오른쪽)
문학의 아버지 호메로스(아래)

역의 스승입니다. 서양에서는 갈렌이라고도 부르죠. 히포크라테스가 근무했던 병원의 병원장이 갈레누스입니다. 둘 다 오리엔트 사람입니다.

만물의 근원이 물이라고 말한 탈레스도 오리엔트 사람입니다. 철학의 아버지가 누구죠? 아리스토텔레스는 당시 오리엔트 남쪽에 있는 철학의 도시 밀레투스로 유학을 갑니다. 축적된 오리엔트 철학을 배우기 위해서였습니다. 그 오리엔트 철학을 바탕으로 아리스토텔레스가 아테네에 돌아가 독자적인 철학을 세웁니다.

〈일리아드〉와 〈오디세이아〉를 쓴 문학의 아버지 호메로스도 오리엔트 사람입니다. 역사의 아버지 헤로도토스도 오리엔트 사람입니다. 지리학의 아버지 아낙시메네스도 오리엔트 사람입니다. 메소포타미아 때부터 축적된 문화가 있었기 때문입니다. 이오니아 지방이라고 많이 들어 보셨죠? 그리스가 지배했던 오리엔트 식민지를 이오니아라고 부릅니다. 이 사람들이 다 이오니아 출신들입니다.

이것이 아테네로 수혈되면서 기원전 5~6세기에 아테네 문화가 꽃을 피우는 겁니다. 아테네는 폴리스잖아요. 경작지도 거의 없습니다. 2천 명에서 1만 5천 명 규모의 폴리스들이 적당한 골짜기에 모여 살았습니다. 그 정도 규모에서 자기만의 문화가 축적되기는 어렵습니다.

그리스인들의 장점은 무한한 자유와 독립적인 영혼을 가지고 외부

문물을 과감하게 받아들인 겁니다. 그들은 문명들을 종합하는 데 뛰어난 능력을 발휘했습니다. 하지만 독립적이기 때문에 체계적으로 종합하는 문화는 약했습니다.

이와 같은 학문적 성과를 집대성한 곳이 바이트 알 히크마라고 말씀드렸죠? 바로 이곳에서 그리스의 학문과 사상이 아랍어 번역을 통해 광범위하게 수용, 전승됩니다. 신학과 역사학, 시문학 분야를 제외한 실용적인 분야에서 그리스의 영향은 절대적이었습니다. 신학은 이슬람이 최고라고 생각하는데 그리스 신학을 배우고 싶었겠습니까? 역사도 우습게 봅니다. 자기네가 새 역사를 쓰고 있으니까요. 시문학도 마찬가집니다. 아랍은 원래 오럴 트래디션(Oral tradition, 구전)에 매우 강한 민족입니다. 시의 문화를 본래부터 가지고 있었습니다.

이 세 분야를 제외한 분야는 다 받아들입니다. 수학, 천문학, 물리학, 화학, 약학, 약리학, 지리학, 농경학 등과 철학 분야의 그리스 서적들이 아랍어로 광범위하게 번역됩니다. 이를 통해 학문이 획기적으로 발전하고 10세기 이후 아랍 르네상스라는 황금시대를 열 수 있었습니다.

로마는 학문적 전통이 별로 없습니다. 형이하학적 전통은 매우 강했죠. 측량, 건설, 토목, 도시계획, 수도 같은 사회 인프라에서 로마가 발군이잖아요. 그러니까 형이상학적 지식들은 그리스의 유산이라고 보시면 됩니다. 그런데 이미 페르시아가 형이하학적인 인프라를 다 가지고 있었죠? 그래서 따로 로마를 배울 필요가 없었습니다.

받아들이되 자기 것으로 만들다

여기서 놀라운 것은 받아들일 뿐만 아니라 업그레이드한다는 것입니다. 자기화한다는 거죠. 여러분도 아시다시피 그리스 문화는 다분히 사변적입니다. 과학도 그랬습니다. 이론에 치우친 그리스 과학에 비해 이슬람 과학은 훨씬 실용적이었습니다. 끊임없는 실험과 관찰을 통해 정교하게 다듬어 갔습니다.

이 과정에서 만들어진 최고의 과학이 무엇일까요? 바로 연금술Alchemy입니다. 사실상 근대 과학은 대부분 연금술에서 출발합니다. 금을 만들려는 수많은 노력의 부산물로 나온 겁니다. 여러 가지 원소를 녹이고 배합하는 기술인 연금술, 알케미에서 화학, 케미스트리Chemistry가 나왔습니다. 알코올Alcohol과 알칼리Alkali도 그 과정에서 나온 겁니다. 그러니 다 아랍어가 될 수밖에 없는 거죠. 물리학Physics도 아랍어입니다.

이슬람 기하학은 그리스 수학 이론에 기초했지만, 측량, 건축, 무기류 제작에 적극적으로 활용되는 실천 학문으로 거듭납니다. 설계로 이어진 거죠. 그 결과 삼각법과 대수학 같은 학문이 발전할 수 있었습니다. 이렇게 바이트 알 히크마에서 아랍어로 집대성된 학문이 훗날

화학 실험을 하고 있는 알베르투스 마그누스

톨레도에서 라틴어로 번역되어 유럽으로 전해진 겁니다.

과학과 학문뿐만이 아니었습니다. 온 세상에서 수집된 이야기들도 집대성됩니다. 온갖 유머와 기담, 전승들이 바그다드로 모여듭니다. 그게 바로《아라비안나이트》입니다. 천하루 밤 동안 떠들 수 있는 이야기들입니다. 아랍에서 1001이라는 숫자는 무한의 영역입니다. 단순히 1,001개라는 수치적 개념보다는 끝없이 이어지는 상상력의 우주를 담고 있습니다.

《아라비안나이트》는 재미있게도 그리스 로마 신화가 중심이 됩니다. 내용을 보면 이솝 우화와 굉장히 많이 닮아 있습니다. 이솝 우화가 그리스에서 온 거잖아요. 그리스 로마 신화 이야기도 많이 들어가 있습니다. 인도 설화도 어마어마하게 많이 들어가 있습니다. 유대적인 이야기도 있습니다. 페르시아도 받아들였으니까 모태는 페르시아 이야기가 됩니다. 심지어 중국 설화도 들어가 있습니다. 아랍 이야기는 거의 없습니다.

페르시아, 그리스 로마, 인도, 중국 이야기가 다 들어가 있습니다. 조금 전에 배웠던 문화의 방정식이 그대로 문학적 용광로에 적용된 것이《아라비안나이트》입니다. 이야기의 중심 배경은 바그다드입니다만, 이야기 소재는 그리스, 페르시아, 중국, 인도에서 가져온 거죠. 감정 이입 기법과 형식적인 면에서는 그리스 고전문학의 전형을 받아들입니다. 한마디로 말하면 복합 문학 장르입니다.

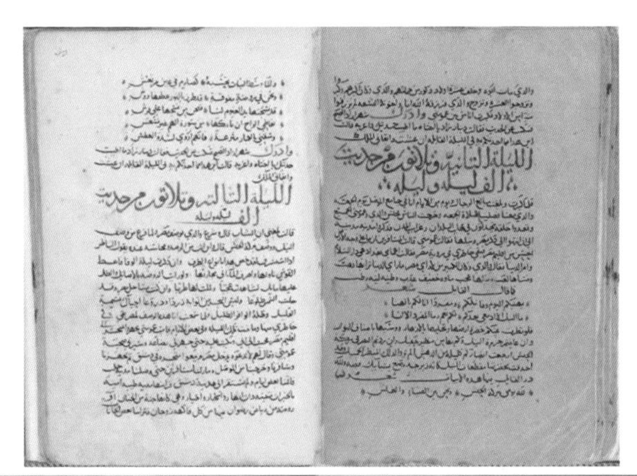

《아라비안나이트》의 한 페이지(위)
19세기 이란 작가가 그린 《아라비안나이트》의 장면들(아래)

방랑시인과 궁정시인의 등장도 눈여겨봐야 합니다. 문맹률이 높은 아랍 사회에서는 구전으로 전하는 시가 사회적 커뮤니케이션에 큰 역할을 합니다. 특히 정치적인 선전 도구로 많이 활용됩니다. 이는 고대 로마 황제 아우구스투스 시대의 궁정 시인을 본뜬 것입니다.

내용적으로는 나라의 안녕과 황제를 찬미하는 것이 많았습니다. 방랑시인, 그러니까 우리식으로 말하면 암행어사나 '어용 에이전트'입니다. 사람들은 시인들의 말솜씨에 솔깃해합니다. 우리나라에도 옛날에 변사가 있었잖아요. 그 사람의 말 한마디에 울고 웃고 하지요? 그 변사가 정치권력에 매수당해서 통제된다고 생각해 보십시오. 여론 정치가 완벽하게 성공하지 않겠어요? 그때 시인들이 그런 역할을 했습니다. 사람들이 글자를 몰랐기 때문입니다.

지금도 이 기능이 남아 있습니다. 바로 모스크의 이맘입니다. 매주 금요일 두 번째 예배는 모두 모스크에 모여서 드린다고 말씀드렸죠? 이때 이맘이 설교를 합니다. 마을 공동체는 모스크를 중심으로 돌아갑니다. 이맘의 설교 내용에 따라 여론의 향배가 결정됩니다. 이맘이 종교적으로 세상살이에 대한 가이드라인을 제시하면 그대로 여론이 됩니다. 그래서 30~40년 된 독재 정권들은 월급을 주면서 이맘들을 매수합니다. 본래 이맘은 직업이 아닌데, 이런 환경 때문에 직업처럼 여겨집니다. 아주 독립적인 모스크를 제외하면 대부분의 모스크에는 정부에서 월급을 받는 이맘들이 다 배치되어 있습니다.

우리 일상에 자리 잡은 이슬람 문화

이슬람 문화가 우리 일상에 얼마나 깊숙이 들어와 있을까요? 여기 하루 일상을 표현한 글에서 이슬람 문화의 흔적을 한번 살펴보시기 바랍니다. 영어로 표현된 단어 대부분이 아랍어고, 일부 페르시아어가 있습니다.

아침 일찍 일어나 샤워를 하고 순면 타월towel로 몸을 닦은 후 오렌지orange 한 개, 캐비아caviar를 올린 샌드위치와 커피coffee 한 잔으로 간단히 식사를 하고 출근했다. 종일 해외 업무를 처리하며 관세tariff 문제로 고민하다가 결국 외화 수표cheque를 보내 마무리했다. 점심에는 사프란saffron을 넣은 커리를 즐기고, 아이스 티 한 잔에 설탕sugar 대신 시럽syrup을 넣어 마셨다. 창가에 앉아 조용히 음악music을 듣고 있으니, 창밖의 튤립tulip과 라일락lilac이 오늘따라 더욱 청초해 보인다. 퇴근해서는 재스민jasmine 향을 뿌린 욕조bathtub 물에 몸을 담그고 하루의 피로를 푼 후 부드러운 모슬린muslin 파자마pajamas로 갈아입고 침대에 누워 어제 읽던 책 《연금술alchemy사》를 마저 읽었다. 알코올alcohol 증류법과 알칼리alkali 같은 화학chemistry적인 내용은 물론, 철학philosophy, 천문학astronomy, 물리학physics, 대수학algebra 등 폭넓은 지식을 담은 책이다.

생각보다 대단하죠? 우리 삶 속에 이슬람 문화가 뿌리를 내리고 있다 해도 과언이 아닙니다. 타월은 아랍어는 아닙니다만, 아랍 사람들이 실생활에서 제일 먼저 썼습니다. 아랍 전통에 따르면 오른손으로 꾸란을 만지고 왼손은 물을 적셔서 뒤처리를 하잖아요. 그래서 항상 닦을 것이 필요합니다. 종이가 없으니 타월이 필요합니다. 자기가 갖고 다니면서 닦는 거죠. 그래서 아랍인에 의해 타월이 실생활에 사용됩니다. 문화는 필요의 어머니잖아요. 아랍 사람만큼 타월이 강하게 필요했던 민족도 없었던 거죠.

커피는 아랍어로 카와라고 합니다. 터키말로는 카웨, 이란 말로는 까흐베입니다. 관세가 아랍어인 까닭은 국제무역을 가장 먼저 시작한 민족이라서 그렇습니다. 설탕은 아랍말로 슈카르, 터키어로는 쉐케르입니다. 또 재스민은 야스민입니다. 아랍 사람들은 J 발음을 못하기 때문입니다.

욕조는 영어입니다만, 욕조를 가장 먼저 만든 곳이 아랍입니다. 이 사람들은 공중 목욕을 하지 않습니다. 만 다섯 살이 지나면 부자간이라도 발가벗지 않습니다. 인간적으로는 도저히 하지 못할 품격 낮은 일로 여깁니다. 가정교육에서도 철저합니다. 이처럼 개인 단위로 목욕을 해야 하니 개인 욕조가 생긴 겁니다. 이것이 유럽으로 넘어가서 오늘날 우리의 목욕 문화로 자리 잡았습니다.

이슬람과 커피 문화

커피야말로 유럽 문화의 아이콘이죠? 커피 원산지가 어디죠? 에티오피아의 한 목동이 커피 열매를 먹고 날뛰는 염소를 보고 승려들에게 알려 줬다는 믿거나 말거나 한 이야기가 있죠? 에티오피아 맞은편이 예멘의 모카 지방입니다. 에티오피아 원산지와 모카는 같은 기후대입니다. 커피는 생태에 굉장히 민감합니다. 고도와 강수량, 기온에 매우 민감합니다. 우리나라는 인구 1인당 커피 소비가 1위 국가입니다. 얼마 전에 미국을 제쳤습니다. 그렇지만 우리나라에서 극소수 일부를 제외하면 커피가 생산되지 않잖아요. 이렇게 소비자가 많은데 왜 안 될까요? 생태에 민감해서 그렇습니다.

예멘의 모카는 커피 집산지입니다. 아주 옛날부터 이쪽 사람들은 커피가 많이 나니까 약으로나 민간요법으로 먹었겠죠? 그런데 7세기에 이슬람이 전파되면서 수도자들이 밤새 기도하고 명상할 때 커피를 마시기 시작했습니다. 잠을 쫓는 탁월한 효과가 있다는 걸 알게 된 거죠. 수도자들 사이에 꽤 많이 음용됩니다. 그러다가 16세기에 아라비아 반도 전체가 오스만 튀르크의 지배를 받으면서 커피가 세계적인 문화로 발돋움하게 됩니다.

아랍은 본래 밤 문화입니다. 하루의 시작이 일몰이고 하루의 끝이 일출입니다. 우리와는 우주관이 다릅니다. 낮의 태양은 생명을 위협할 정도로 뜨겁기 때문입니다. 그래서 낮에는 조용히 쉬면서 낮잠을 잡니다. 낮잠 자는 문화가 뭐죠? 시에스타입니다. 이슬람이 스페인을 800년간, 남프랑스와 이탈리아 남부를 200년간 지배하는 동안 당시 우월한 문화였던 낮잠 문화를 유럽권이 받아들인 겁니다.

지중해 부근 남부 유럽의 시에스타는 이슬람 문화의 완벽한 잔재입니다. 지금 스페인에 가 보시면 바르셀로나와 마드리드 북쪽 빌바오 쪽만 가도 시에스타가 없습니다. 프랑스 파리에도 없습니다. 시에스타는 엑상프로방스, 아비뇽, 니스, 마르세유 같은 남쪽에 있습니다. 이탈리아도 북쪽 밀라노에는 없고 나폴리와 시칠리아 쪽에 있습니다. 다 아랍이 지배했던 문화권에 남아 있습니다.

아랍 사람들은 해가 지면 움직이기 시작합니다. 새 오아시스를 찾아서 사막을 횡단한다든지 교역을 한다든지 합니다. 낮에는 아무리 건강한 사람이라도 세 시간만 사막을 걸으면 픽픽 쓰러집니다. 그래서 해가 지면 출발합니다. 끝없는 사막에 지형지물이 없잖아요. 뭘 보고 방향을 잡습니까? 별과 달을 보고 방향을 잡습니다. 천문학이 발달할 수밖에 없습니다. 별을 보고 방향과 거리를 재야 하니까 계산이 정확해야 합니다. 이건 생존의 학문입니다.

대충해서 되는 게 아닙니다. 정확하게 방향을 잡아서 다음 날 해가 중천에 뜨기 전에 목표 지점에 도달하거나 적어도 물과 그늘이 있는 중간 기착지에 도착해야 합니다. 해는 이미 떠올랐는데 지평선 사방을 둘러봐도 목표물이 시야에 들어오지 않으면 부족 전체가 죽음에 직면할 수 있겠죠? 그래서 목숨 걸고 계산합니다. 세상에 목숨 걸고 계산하는 학문만큼 발달하는 게 어디 있을까요? 그래서 별자리 이름 중에 약 70%가 아랍어입니다.

천문학이 아무리 발달해도 목표 지점에 도달하기 전까지는 불안해서 견딜 수 없잖아요. 그래서 천문학의 보조 학문으로 점성술이 발달합니다. 천문학이 영어로 Astronomy이고 점성술이 Astrology 아닙니까? 천문학은 첨단 과학입니다. 그러나 그것만으로 사람이 안심할 수 없으니 보완해 주는 위로과학과 심령과학으로 점성술이 같이 발달한 겁니다. 전갈자리와 사자자리로 가면 노상강도를 만난다, 어디로 가면 행운이 따르고 또 어디로 가면 물이 있다는 식입니다. 자기네가 해왔던 경험을 압축해서 끊임없이 후손들에게 가르쳐 주는 겁니다.

다시 커피 이야기로 돌아옵시다. 그쪽은 밤 문화이기 때문에 지금도 결혼식, 파티, 축제 모두 밤에 열립니다. 밤새 먹고 마시고 노는 겁니다. 아랍에서 비즈니스를 하려면 밤 문화에 굉장히 밝아야 합니다. 초대 시간이 밤 10시입니다. 시원한 음료를 마시며 대화를 하면 11시쯤 됩니다. 우리 식대로 집에 가려고 하면 무슨 소리냐며 붙잡습니다. 커튼을 펼치면 음식이 차려져 있어서 이때부터 디너가 시작됩니다. 보통 새벽 1시쯤 끝납니다. 그때 헤어져서 집을 나오면 아주 공식적이고 일반적인 초대입니다. 좀 친하다 싶으면 적어도 새벽 2~3시까지 있어 줘야 합니다. 새벽 4~5시까지 함께 있으면 가족에 속합니다.

이렇게 밤새 놀려면 뭐가 필요합니까? 체력도 필요하겠습니다만, 말솜씨가 필요합니다. 이 사람들은 어릴 때부터 말을 하고 말로 살아가는 구전 전통에 익숙해 있기 때문에 말에는 귀신들입니다. 천일야

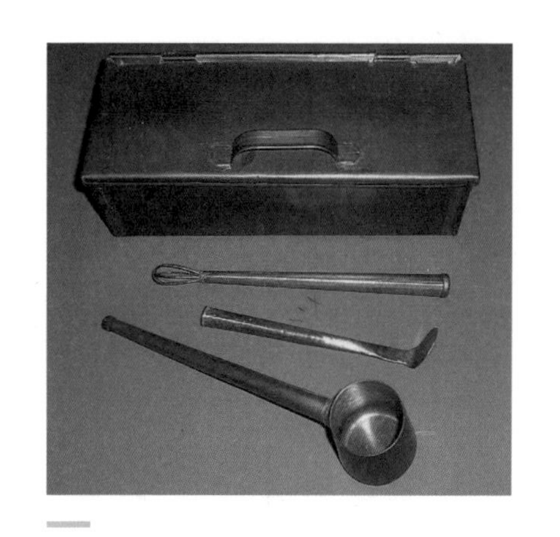

터키식 커피를 만들기 위한 전통 도구들

화를 듣고 자란 사람들입니다. 천하루 밤을 떠들어도 고갈되지 않는 이야기 콘텐츠가 있습니다. 우리는 인사하고 비즈니스가 끝나면 할 말이 별로 없죠?

또 하나 필요한 게 밤새 잠을 쫓아 주고 정신을 맑게 해 주는 커피입니다. 이 커피가 오스만 제국의 수도 이스탄불의 궁중 문화와 접목됐을 때 패러다임의 혁명이 일어납니다. 명실상부한 밤 문화의 꽃이 됩니다. 커피가 있으니 밤을 지새우는 데 기가 막힌 도움이 됩니다.

여기서 터키식 커피가 만들어집니다. 머드 커피라고도 하죠? 원두를 볶아서 그대로 갈아 직접 끓입니다. 워낙 진하니까 많이 마시면 안 되겠죠? 에스프레소 잔 크기의 자그만 컵에 끓는 커피를 따르면 3분의 1 정도는 진흙 같은 커피가 가라앉습니다. 몇 분 기다렸다가 위에 뜬 엑기스를 홀짝홀짝 마시면서 밤 문화를 즐깁니다. 실제로 그거 몇 잔 마시면 잠이 안 옵니다.

당시 오스만 제국은 세계 최강이었습니다. 합스부르크 가의 심장인 빈이 공포에 떨 정도였으니까 그 위세가 어마어마했습니다. 영국, 프랑스, 독일, 오스트리아, 이탈리아 등에서 대사들이 다 파견되어 있었

터키식 커피

습니다. 낮 문화에 익숙한 사람들이 오스만의 밤 문화에 적응하려면 커피의 힘이 필요할 수밖에 없겠죠? 이스탄불에서 한 3년 정도 외교관 생활을 하면 지독한 커피 마니아가 될 수밖에 없습니다.

그런데 당시 커피는 반출 금지 품목이었습니다. 시장에서 커피 원두 1g과 사금 1g이 맞교환될 정도였습니다. 커피를 반출하는 것은 황금을 반출하는 거나 마찬가지였습니다. 그러나 외교관들은 면책 특권이 있으니 외교 행랑을 통해서 반출했습니다. 특히 귀임할 때는 외교 행랑 수십 자루를 동원해서 반출했습니다. 이를 바탕으로 유럽에서 카페가 문을 연 겁니다.

역사상 최초의 민간 커피하우스는 1554년 이스탄불에서 문을 열었습니다. '차이하네'로, 이름 그대로 찻집을 뜻합니다.

외교관들을 통해 밀반출된 커피와 이스탄불의 터키인, 아르메니아인, 그리스 상인들을 통해 거래된 커피가 17세기부터 유럽에 상륙하였고, 처음 문을 연 커피하우스가 1652년 런던의 '파스카 로제'입니다. 이스탄불에서 런던까지 가는 데 약 100년 정도 걸렸죠? 이로부터 50년 뒤에 유럽에 3천여 개의 카페가 생기면서 비로소 유럽의 카페 문화가 꽃을 피우게 됩니다.

카페는 단순히 커피를 마시는 곳만은 아니었습니다. 당시 여론 형성의 산실, 새로운 담론의 진원지, 교양이 넘치고 괜찮은 사람들이 모여든 문화살롱이었습니다. 물론 남자들만의 공간이었지만 1페니

터키 이스탄불의 커피하우스

커피가 정력에 좋다는 소문을 듣고 커피하우스로 몰려든 런던 중산층 남성들

정도의 입장료를 받았고, 커피 한 잔 값은 2펜스 정도였습니다. 또 카페는 신문이나 잡지를 볼 수 있는 유일한 장소였습니다. 비치된 종이나 잉크, 펜을 사용할 때는 시즌별로 30펜스 정도 별도의 사용료를 지불해야 했습니다. 편지를 써서 보내고, 작가들은 하루 종일 죽치고 앉아 집필 활동을 했다고 합니다. 단골들이 생기고 개인 우편물과 물건 배달의 거점 역할도 하면서 인기를 누렸습니다. 당시만 해도 런던에는 집 주소나 도로명이 완전히 정비되지 않아 커피하우스가 최적의 우편물 배달 수령처가 되었지요.

당시 교양인의 한 축이었던 의사들도 커피하우스를 애용했습니다. 환자들이 병원 대신 손쉽게 의사를 만날 수 있고, 무료 처방도 받을 수 있는 커피하우스로 몰려들어 병원보다 더 인기가 있었다는 자료도 보입니다. 무엇보다 커피가 남성의 정력에 좋다는 소문이 퍼지고 커피 장사꾼들이 이를 확대 광고하면서 당시 런던 중산층 남성들은 집단 최면에 걸린 듯 커피하우스를 찾았다는 재미난 기록도 보입니다. 1700년대 런던의 남성 인구 287,500명 중 중산층 비중이 약

35~40%였다고 하니, 10만 이상의 런던 중산층 남성들의 일상에 커피하우스가 자리 잡았다는 이야기이지요.

유럽의 식민지 경영과 커피 플랜테이션

그런데 황금 가루와 같은 커피를 유럽에서 쉽게 마실 수 없었겠죠? 3천 개의 카페들이 커피를 어떻게 조달했겠습니까? 부족한 커피 보충을 위해 묘책을 고안한 게 칡뿌리입니다. 일시적이기는 하겠지만 일부 커피하우스에서는 칡뿌리를 큰 가마솥에 넣고 하루 종일 곱니다. 시커먼 물이 나오겠죠? 예쁜 커피 잔에 칡국물을 담습니다. 색깔이 비슷하겠죠? 그 위에 커피 원두를 볶은 가루를 살짝 뿌려 줍니다. 그렇게만 해도 커피 향이 나겠죠? 그 향을 맡으며 칡커피를 마십니다.

미국 남북전쟁 때는 남군이 옥수수를 태워 끓여 마시면서 커피 향수를 달랬다고 하지요. 수요는 폭증하는데 공급이 절대적으로 부족하니까 만들어 낸 궁여지책입니다. 커피하우스에서는 담배(토바코), 차, 초콜릿, 사탕 같은 물건도 같이 판매하였습니다. 파스카 로제에서 하루 판매되는 커피만 600잔 정도였다니 수요 폭증과 인기를 짐작할 수 있습니다.

이런 분위기다 보니 커피 재배는 꿈의 산업이 됩니다. 이때부터 영국과 프랑스가 동인도회사를 경영하면서 식민지 경영을 시작합니다. 바스코 다 가마가 인도에서 후추를 들여온 게 대표적이죠? 스페인과 포르투갈은 라틴아메리카를, 네덜란드가 인도네시아를, 포르투갈과 스페인이 필리핀을, 포르투갈과 영국이 인도를 점령하면서 에티오피아나 예멘 모카 지방과 비슷한 생태 조건이 되는 곳을 찾기 시작합니다. 커피 플랜테이션을 위해서였습니다.

커피 재배는 황금을 키우는 사업이나 마찬가지였습니다. 18세기 말부터 성공 사례가 나오기 시작합니다. 브라질, 과테말라, 베네수엘라, 온두라스에서 성공해 오늘날의 브라질 커피가 됩니다.

네덜란드는 인도네시아 자바에서 커피 재배에 성공합니다. 이게 자바 커피가 되지요.

프랑스는 아시아에서 베트남을 지배하죠? 베트남에서는 달랏 지역에서만 성공합니다. 프랑스 사람들이 거길 찾으려고 정말 애를 많이 썼습니다. 프랑스는 서부 아프리카를 많이 지배했는데, 그곳에는 비가 많이 와서 커피가 안 되는 겁니다.

그러나 이곳만으로는 부족해서 카리브 해에서 스페인과 전쟁을 합니다. 이 전쟁에서 아이티를 빼앗고 아프리카의 값싼 노동력을 보내서 커피 플랜테이션에 성공합니다. 이곳이 프랑스에 공급하는 커피 전초기지가 됩니다. 그래서 아이티에서는 커피의 별칭이 '니그로의 눈물'입니다. 슬픈 역사죠. 무엇보다 프랑스는 커피 애호가 루이 15세(1715~1774)를 만나면서 궁정에 커피가 넘쳐나는 커피 풍요의 시대를 맞았습니다. 프랑스 혁명을 거치면서 커피가 새로운 진보와 혁명의 상징으로 민중으로 확산되면서 명실상부한 카페 문화의 중심지가 되었습니다.

문제는 영국이었습니다. 영국은 유럽에서 가장 먼저 커피를 마신 나라이지만, 오늘날에는 커피보다 차 문화가 발달해 있습니다. 물론 1662년 찰스 2세에게 시집 온 포르투갈의 캐서린 공주가 귀한 차를 가져오면서 궁정에서 차 문화가 발달한 탓도 있지만, 식민지 성격과도 무관하지 않습니다. 영국이 식민 지배한 나라가 인도, 스리랑카, 말레이시아입니다. 비가 많은 지역이고 생태 조건도 안 맞아서 아무리 해도 커피 플랜테이션이 잘 안 됩니다. 결국 실패해서 '울며 겨자 먹기'로 중국의 녹차를 가져다가 인도 남부와 스리랑카에서 차 플랜테이션을 했습니다.

그런데 커피에 중독된 사람들 입장에서는 중국식 녹차가 심심할 수밖에 없겠죠? 약간의 카페인이 있지만 전혀 취향에 안 맞았습니다. 어쩔 수 없이 개발한 방법이 차를 진하게 우려내서 카페인을 많이 확보하는 것이었습니다. 그런데 너무 쓰니까 거기에 설탕과 우유를 많이 넣어서 밀크티를 만들어 먹게 된 거죠. 커피 플랜테이션에 실패한 처절한 슬픔을 밀크티로 달랬다고나 할까요.

그런데 생각해 보세요. 예멘의 모카 아라비카 원두를 가져다가 각 나라에 이식을 했는데, 그게 원래 맛이 날까요? 배추도 2년 정도 심으면 맛이 바뀝니다. 제가 이스탄불에서 유학할 때 한국 교민이 없어서 집에 연락해 배추 씨앗을 사서 보내 달라고 부탁한 적이 있었습니다. 첫해, 두 번째 해는 그걸로 잘 먹었습니다. 그런데 3년째가 되니까 키가 엄청나게 자라기 시작했습니다. 속도 단단해져서 도저히 씹을 수가 없었습니다. 현지 토양과 환경에 맞게 종이 바뀌는 거죠. 커피도 마찬가지였겠죠? 끊임없이 품종 개량을 해도 원래 아라비카 원두 맛이 안 나니까 로스팅 기술 쪽으로 방향을 선회합니다. 이름도 우아하게 붙이잖아요. 화이트 킬리만자로, 다크 나이트, 메디터레이니언 블루, 사프란볼루 튀르크 카웨 등등.

과거 유럽인들의 입맛을 사로잡았던 그때의 제대로 된 오리지널 커피를 마시려면 바리스타에게 이렇게 주문해 보세요.

"예멘 모카 지방에서 직접 생산된 오리지널 아라비카 원두로 로스팅한 에스프레소 더블샷을 주세요."

그럼 바리스타는 '이 사람 커피 좀 아는데?' 싶겠죠? 그러나 안타깝게도 이 주문의 결과는 "재료가 없어 못 만듭니다."입니다. 지금은 맛보기 힘들지만 이 정도는 주문해야 17세기에 전 세계인을 미치게 만들었던 그 맛을 알 수 있지 않겠습니까?

서구와 이슬람의 만남

서구가 이슬람 문명을 받아들일 때 사전에 정보가 있어야겠죠? 알지도 못하는데 갑자기 전파될 수는 없는 겁니다. 전쟁처럼 여러 차례 계기가 있었습니다. 그 과정을 통해 이슬람이 유럽보다 확실히 앞서 있고, 그 문명을 받아들이지 않으면 안 되겠다는 공감대가 형성된 것이죠. 첫 번째 계기가 십자군 전쟁입니다. 이 전쟁을 통해 유럽 대중과 무슬림, 서구와 이슬람 세계가 전 방위적으로 만나면서 서구는 스스로 낙후성을 자각합니다. 동시에 이슬람의 선진 문화에 자극을 받게 됩니다.

이때 다양한 물자들이 물밀듯이 유럽으로 들어갑니다. 이에 비하면 지식은 상당히 뒤에 들어갑니다. 이때 들어간 물자가 향료, 진귀한 상품, 오렌지, 레몬, 커피, 설탕, 면화와 그 재배법 등이고, 자연스럽게 유럽에서 각각의 제품과 학문의 용어로 정착합니다. 우리는 이 모든 것을 유럽을 통해 받아들였기 때문에 모두 유럽의 것으로 잘못 알고 있지만, 사실은 그렇지 않습니다. 유럽 문화의 뿌리는 이슬람 문화와 학문 전통이라고 말할 수 있습니다.

유럽 남부 지중해, 에게 해의 섬과 해안 지대도 9세기부터 이슬람의 영향을 받게 됩니다. 이때부터 11세기까지 지중해는 이슬람의 바다라고 불렸습니다. 827년에는 이베리아 반도를 장악하고 있던 이슬람 왕조의 장군 지야하드 알라 1세가 시칠리아를 공략합니다. 시라쿠사에 이어 902년에 타오르미나가 점령되면서 시칠리아 전역은 이슬람 땅이 됩니다.

곧이어 지중해의 교역 요충지인 몰타가 아랍에 점령당합니다. 지금도 몰타의 언어를 보면 이탈리아어와 아랍어가 반반씩 섞여 있습니다. 제가 몰타에 가서 서툰 아랍어로 말하면 몰타 사람들도 대충은 알아듣습니다. 그 정도로 많이 섞여 있습니다. 그 후 1090년 시칠리아의 노르만 왕 로저가 아랍을 몰아낼 때까지 이슬람은 몰타에서 단단히 뿌리 내리고 있었습니다. 이 기간 동안 몰타는 문화적 번성기를 이뤘습니다. 당시 이슬람 세력은 토착 기독교 주민들을 포용했습니다. 자신 있었기 때문이죠. 여기에 시트러스 열매, 면화 등 새로운 작물을 이식해서 농업 발전에도 크게 기여했습니다.

아라베스크 문양도 이때 유럽에 들어갑니다. 앞서 말씀드린 직물뿐만 아니라 아랍의 정교한 실내 장식과 화초도 따라 들어갑니다. 15세기까지 유럽의 건축과 예술에 큰 영향을 끼쳤습니다. 튀니지와 모로코에서 건너간 이슬람 건축은 안달루시아 지방에서 무데하르 양식으로 발전하고, 그것이 유럽의 고딕 양식으로 이어집니다. 따라서 모로코를 먼저 보고 스페인을 보고 유럽을 봐야 문화적인 맥락이 읽힙니다. 매번 거꾸로 가니까 문화의 흐름이 안 보이는 겁니다.

새로운 사교 공간으로 공중목욕탕 문화인 하맘이 또 중세 유럽을 강타합니다. 이슬람에서는 옷을 입는 문화인데, 이게 유럽으로 가서 옷을 벗는 문화로 바뀝니다. 유럽에 정착한 커피 문화는 사람들에게 토론과 모의의 자유를 만끽하게 하면서 마침내는 시민혁명에까지 이르게 합니다. 프랑스 혁명이 모의된 곳이 카페라는 건 이미 많이 알려져 있죠?

이슬람 세계의 공중 목욕탕인 하맘

유럽에 르네상스를 선물한 톨레도

유럽에 이슬람 문명을 전달해 준 매개체였던 스페인 톨레도 번역소를 좀 더 자세히 알아보겠습니다. 이 번역소에는 250여 명의 유대인과 무슬림으로 구성된 번역 전문 집단이 있었습니다. 이들은 체계적으로 아랍의 책들을 라틴어로 번역합니다. 번역을 지원한 주역은 가톨릭의 제로니무스 수도원이었습니다. 자기들이 필요했기 때문이죠. 그러나 당시 지식인들은 유대인과 무슬림이었습니다. 기독교에서는 이 일을 할 수 있는 사람이 없었습니다.

여기에 중국 제지술의 영향이 매우 컸습니다. 10세기에 이미 이베리아 반도에 제지술이 도입됐고, 톨레도에 제지 공장이 설립되어 기록과 보존의 혁명이 일어납니다. 값이 싸고 대중화가 가능한 매체인 종이가 있었기 때문에 르네상스도 가능했습니다. 이슬람 문명이 유럽으로 건너갈 시점에 종이 매체가 톨레도에서 딱 들어맞은 겁니다.

요즘이야 영어가 세계 공용어입니다만, 이 시기에 학문적 공용어는 아랍어였습니다. 모든 학자들이 아랍어 습득에 많은 노력을 기울여야 했습니다. 왜냐하면 거의 대부분의 고대 그리스 문헌들은 물론, 인도와 중국에 관한 지식과 정보가 아랍어로 번역돼 있었기 때문입니다.

아울러 단순 번역을 넘어 아랍 학자들의 주해와 탁월한 재해석을

놓칠 수 없었겠죠? 스페인은 유럽에서 이슬람 문명을 가장 전 방위적으로 받아들이고 우수한 학문적 전통을 세운 곳이었습니다. 그런데 지금 스페인이 유럽에서 제일 못 삽니다. 지식도 가장 낙후되어 있습니다. 무슨 일이 일어난 걸까요? 1492년 그라나다의 이슬람 왕국이 패망하면서 지식인 공동체였던 무슬림과 유대인에 대한 대대적인 추방과 학살이 이루어진 것이 결정적인 원인이었습니다.

제가 지난 시간에 한번 이슬람이 된 지역은 지금도 여전히 이슬람으로 남아 있는 것이 세계사의 미스터리라고 말씀드렸는데요, 예외가 하나 있습니다. 바로 스페인입니다. 800년이나 이슬람이 지배했는데 지금은 그 흔적도 찾기 어렵습니다. 유물 흔적은 일부 남아 있지만, 사람은 남아 있지 않습니다. 여기서 인류 역사상 처음으로 인종 청소가 일어났습니다. 유럽 역사에서는 별로 다루지 않는 주제입니다.

1492년 그라나다에는 이슬람의 나스르 왕조가 있었습니다. 마지막 왕이 보아브딜입니다. 그의 알람브라 궁전이 털끝 하나 손상되지 않고 스페인의 이사벨라 여왕에게 넘어갑니다. 보아브딜이 항복했기 때문입니다.

항복 문서에 보면 크게 세 가지 조건이 걸려 있습니다. 첫째는 알람브라 궁전을 그대로 보존해 달라, 둘째는 이사벨라 여왕의 통치 아래 들어간 주민들의 생존을 보장해 달라, 셋째는 지난 800년간 그래 왔던 것처럼 종교의 자유를 보장해 달라는 것이었습니다. 보아브딜은

스페인의 토착 문화와 이슬람의 문화가 조화를 이룬 알람브라 궁전

그 문서에 서명하고 모로코 페스로 망명합니다.

이사벨라 여왕은 세 가지 약속 중 알람브라 궁전에 대한 약속만 이행하고, 나머지는 지키지 않았습니다. 알람브라 궁전은 당시 유럽의 기준으로 봐도 무너뜨리기에 너무 아름다웠던 겁니다. 그래서 자기 왕궁인 카를 5세 궁전을 입구에 따로 만듭니다. 중세 건축 전문가들은 카를 5세 궁전이 알람브라의 천년의 영화를 망쳤다고 혹평합니다.

그리고 당시 지식 집단이었던 모든 유대인과 무슬림들이 기독교로 개종하지 않을 경우 학살하거나 추방해 버렸습니다. 나중에는 순혈주의를 내세워 개종한 사람들까지도 쫓아냅니다. 당시 이사벨라 정권은 가톨릭적인 선명성을 내세워 '우리 땅이 이교도에게 지배당했다'라는 극도의 분노를 정치적 동력으로 적극 활용했습니다.

이 과정에서 스페인 지역을 지탱하던 지식 공동체가 거의 전멸했습니다. 800년간 축적된 찬란한 지적 기반이 순식간에 상실된 것입니다.

이와 같은 야만적인 바탕을 가지고 스페인이 라틴 아메리카를 지배했습니다. 라틴 아메리카에 가서 어떤 짓을 했나요? 당시 스페인에서 품고 있던 사고방식이 그대로 라틴 아메리카로 옮겨 갔습니다. 라틴 아메리카도 본토와 똑같이 초토화됐죠?

그런 문화적인 토대를 가지고 있으니 오래 못 가잖아요. 가장 많은

케튼의 로버트
중세 신학자이자 천문학자, 아랍 연구가. 1143년에 최초로 꾸란을 라틴어로 번역했다.

면적을, 가장 많은 물자를 가졌던 게 스페인 아닙니까? 가장 먼저 출발한 선진 식민 국가였습니다. 하지만 오래 가지 못했고, 지금은 유럽에서 가장 낙후된 나라 중에 하나로 전락했습니다. 결국 자기와 다르다고 해서 이미 축적돼 온 문화를 버리고 배척한다면, 그 문화도 오래 지속될 수 없다는 것을 보여주는 역사적 교훈이라고 생각합니다.

유럽의 이슬람 연구

당시 유럽에서 이슬람 연구가 활발하게 일어났습니다. 지금보다 훨씬 많았습니다. 당시 필수 과목이 꾸란이었습니다. 우리도 어릴 때 영어를 배우려고 영어 성경을 읽었던 적이 있죠? 마찬가지입니다. 아랍을 이해하려면 꾸란을 배우지 않으면 안 됩니다. 특히 케튼의 로버트Robert of Ketton의 꾸란 번역이 굉장히 유명합니다. 그의 번역에 오류가 많기는 합니다만, 이후 이슬람 문헌 번역 사업에 중요한 시금석이 됩니다.

그러나 이들 연구는 대부분 이슬람 안에서 모순을 찾아 비판하고 기독교 신앙의 우수성을 나타내려는 시도에서 이뤄집니다. 당연한 거죠. 좋은 목적이든 나쁜 목적이든 어쨌든 이슬람을 연구한 겁니다. 지금보다도 훨씬 지식 수준이 높았던 것 같습니다.

서구학자들은 이슬람의 수학과 의학을 실용적인 관심에서 연구하기 시작했습니다. 그러나 철학은 많이 달랐습니다. 그들에게 철학은

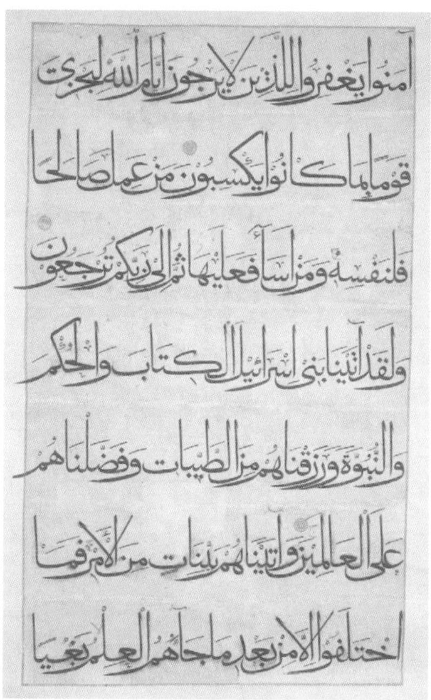

امنوا يغفروا للذين لا يرجون ايام الله ليجزى
قوما بما كانوا يكسبون من عمل صالحا
فلنفسه ومن اسا فعليها ثم الى ربكم ترجعون
ولقد اتينا بنى اسرائيل الكتاب والحكم
والنبوة ورزقناهم من الطيبات وفضلناهم
على العالمين واتيناهم بينات من الامر فما
اختلفوا الا من بعد ما جاهم العلم بغيا

Die türkische Bibel,
oder des
Korans
allererste teutsche
Uebersetzung
aus der
Arabischen Urschrift
selbst verfertiget:
welcher Nothwendigkeit und Nutzbarkeit
in einer besondern Ankündigung hier erwiesen
von
M. David Friederich Megerlin,
Professor.

Franckfurt am Mayn
bey Johann Gottlieb Garbe
1772.

각국의 다양한 언어로 번역된 꾸란

신학적 이론 틀을 마련하는 근거로서 중요한 의미를 지니고 있었습니다. 우선 아리스토텔레스의 신플라톤 철학 이론을 정리한 아랍 학자 알 킨디와 알 파라비의 주해가 번역되어 소개됩니다. 아리스토텔레스의 철학에 다가가려면 이 두 사람의 책을 읽지 않으면 안 되었던 겁니다.

의학자로서도 유명했던 이븐 시나의 철학 사상은 13~14세기 유럽 대학에서 철학 연구의 표본이 되었습니다. 그의 저술이 없었다면 토마스 아퀴나스나 보나벤투라 같은 중세 신학자들의 탁월한 업적이 빛을 보기 어려웠을 겁니다. 이븐 시나 만큼이나 서구 사상사에 지대한 영향을 끼친 이슬람 철학자는 코르도바의 이븐 루시드였습니다. 유럽 철학계에서는 아베로스로 알려져 있습니다. 그는 일부 신학들에 의해 무신론자와 기독교의 적으로 매도당하기도 했지만, 토마스 아퀴나스의 스승이었던 알베르투스 마그누스와 함께 당대 서구 학계에서 최고의 아리스토텔레스 권위자로 평가 받았습니다.

이런 지적 바탕 위에서 토마스 아퀴나스라고 하는 탁월한 신학자가 등장합니다. 그는 스승인 알베르투스 마그누스나 아베로스의 아리스토텔레스 이론을 완전히 섭렵했습니다. 이때 쌓은 지식으로 기독교의 우월성을 증명하고 이슬람의 모순과 열등성을 강조하는 데 자기 인생을 바쳤던 사람입니다. 이후 유럽 신학은 토마스 아퀴나스를 태두로 해서 형성되었고, 이때부터 이슬람을 향한 가장 적대적인 관점이 유럽 신학의 정통으로 자리 잡게 됩니다.

토마스 아퀴나스가 천명한 가장 대표적인 명제가 '한 손에 칼, 한 손에 꾸란'이었죠? 아퀴나스는 이슬람에 대해 해박한 지식을 갖추고 있었습니다. 본래 아는 사람이 하면 더 무섭잖아요. 그는 당시 최고의 이슬람 전문가였습니다. 그가 주창한 이슬람의 네 가지 해악은 이러합니다. 첫째 진리를 왜곡했고, 둘째 폭력과 전쟁의 종교이며, 셋째 무분별한 성적 접촉을 허용했고, 넷째 무함마드는 거짓 예언자라는 것입니다.

21세기를 살아가는 우리가 이슬람에 대해 가지고 있는 편견과 정확하게 일치하지요? 지성사를 공부하다 보니까 토마스 아퀴나스에서 딱 걸리더라고요. 이슬람에 대한 그의 견해는 이후 유럽 지성 사회에 그대로 전달되어서 서구 사회가 이슬람을 오해하고 적대감을 형성하는 데 결정적인 영향을 끼쳤습니다.

모든 신학은 선악 구도입니다. 내 쪽으로 들어와서 녹든지 아니면 사라져야 한다는 게 신학의 기본적인 입장입니다. 물론 해방 신학이나 다종교 신학이 없지는 않습니다만, 아직까지도 우리 사회에서는 소수잖아요. 하물며 중세 시대에는 어떻겠습니까? 천 년간 이슬람에게 눌려 왔다는 인식이 깔려 있을 때 새로운 신학으로 자신감을 얻고, 자기 신앙에 대한 열정을 불태우는 방법의 하나로 이슬람의 모순을 끄집어낸 건 어쩌면 자연스러운 시대적 상황이 아니었을까 싶습니다. 일종의 선명성 경쟁이 필요했던 때라고 볼 수 있습니다.

반이슬람 분위기가 팽배했던 서구에 이슬람을 바로 알리는 역할을 했던 기욤 포스텔

당시는 기독교가 약자였습니다. 약자는 상대방에게 관용을 베풀기가 쉽지 않습니다. 왜 이슬람이 포용과 융합과 똘레랑스를 실천할 수 있었을까요? 힘의 우위에 있었기 때문입니다. 약자가 강자를 어떻게 포용할 수 있겠습니까? 프랑스가 한때 똘레랑스로 소수 민족을 품었습니다만, 그들의 숫자가 10%를 넘어서니 가장 먼저 똘레랑스의 문을 닫아 버렸습니다.

아퀴나스 시대의 기독교는 약자가 강자를 극복하는 과정에 있었습니다. 천 년간 시달리면서 공포에 떨었던 것이 최근 200년에 와서야 앞서 가고 있는 것입니다. 800년의 격차가 있습니다. 유럽 사회에서 아직까지도 이슬람에 대한 공포가 큰 이유가 여기에 있습니다.

물론 다 그랬던 것은 아닙니다. 이슬람을 긍정적으로 평가하는 학자도 있었습니다. 별로 빛을 발하지는 못했습니다만, 기욤 포스텔이 그 주인공입니다. 그는 중세의 전반적인 반이슬람 분위기 속에서도 객관적인 방법론과 학문적인 태도를 갖췄습니다. 그리고 이슬람을 있는 그대로 바라보고 기독교와의 유사성을 강조해 공존과 화해를 도모하려고 애쓰기도 했습니다.

포스텔은 비교언어와 아랍어에 정통했습니다. 그는 꾸란의 오역과 무지에서 비롯된 이슬람에 대한 오해를 바로잡고 일신교로서의 기독교와 이슬람의 유사성을 강조합니다. 물론 교회와 당대의 보수적인 학자들로부터 심한 비난을 받았겠죠? 하지만 그의 저술은 서구 사회에 이슬람을 바로 알리는 데 긍정적인 역할을 했습니다.

하지만 이런 노력이 무색하게 토마스 아퀴나스 이후 이슬람에 또 한 번 철퇴를 가한 사람이 바로 단테입니다. 단테의 《신곡》을 보시면 〈천국〉과 〈지옥〉 편에서 무함마드와 무슬림을 악마의 레벨로 다룹니다. 유럽에서 《신곡》을 읽지 않고 교양인이라 할 수 있나요? 교양 필수 중에 필수잖아요. 여기서 이슬람에 대한 인식에 철퇴를 가합니다. 그 이후에는 헤겔이 또 철퇴를 가합니다. 그리고 오늘날까지 오는 겁니다.

한편 20세기에 와서도 기욤 포스텔처럼 에드워드 사이드나 노암 촘스키 같은 지성들이 이슬람을 객관적인 관점에서 평가하고 있습니다. 그러나 아직까지는 소수잖아요. 굉장한 오리엔탈리스트인 버나드 루이스의 책은 아직도 수십만 권씩 팔립니다. 이슬람에 대해서 상당히 잘 알지만, 그 속에서 약점을 캐서 서구의 구미에 맞게 가공해 정

《신곡》을 손에 들고 있는 단테. 왼쪽 배경에 지옥의 모습이 보인다.

보를 생산하는 사람들이 아직은 주류인 겁니다. 촘스키나 사이드 같은 학자의 저술은 지식인 사회에서는 통용되지만, 아직 대중적으로까지는 확산되지 못하고 있지요. 지금도 이런 구도는 반복되고 있는 것 같습니다.

이슬람 극단주의의 기원

Islam

이슬람이 서구를 지배하고, 나폴레옹의 이집트 점령을 기점으로 다시 서구가 이슬람을 지배하는 1,200년의 역사적 갈등은 오늘날 복잡한 정세의 배경이 되었다. 그 역사적인 과정을 따라가며 이슬람 극단주의의 본질을 들여다보고, 중동의 반미 갈등이 앞으로 어떤 영향을 미칠지도 살펴본다.

Islam

오늘 말씀드릴 내용이 현대 이슬람 세계를 이해하는 데 가장 중요한 부분 중 하나가 될 것 같습니다. 오늘날 중동이 왜 이렇게 복잡한지, 그 지긋지긋한 자살폭탄 테러를 왜 하는지, 미래가 한 치 앞도 보이지 않는 정세의 원인과 뿌리가 어디에 있는지 살펴볼 것입니다.

이 부분을 이해하면 중동이 새롭게 보일 겁니다. 그리고 이 문제가 결코 쉽게 해결될 수 없겠구나 하는 절망감을 다시 확인하실 겁니다. 동시에 이 문제를 해결하기 위한 방법이 무엇일지 고민하는 분명한 목표도 생길 겁니다.

단순한 현상이 아니라 역사적인 과정을 살펴봄으로써 이 사람들 가슴에 내재된 응어리와 고통의 본질이 무엇인지를 들여다봅시다. 모든 범죄자와 극단주의자들의 가슴에는 분노와 트라우마가 있거든요. 그것을 치유하고 제거해 주지 않는 한, 그 어떤 방법으로도 근원적인 해결은 이뤄질 수 없습니다. 그저 달콤한 미사여구에 불과한 거죠.

지배-피지배의 역사적 트라우마

지난 시간에도 말씀드렸습니다만, 서구와 이슬람 세계 사이에는 적어도 1,200년간 지배와 피지배를 주고받은 역사적 트라우마가 있습니다. 다시 한 번 요약해 보겠습니다.

메카에서 시작된 이슬람이 북아프리카를 정복하고 711년에 지브롤터 해협을 건너 이베리아 반도에 들어갑니다. 732년에는 파리 교외 푸아티에까지 진출한 뒤 800년간 스페인과 포르투갈 지역이 이슬람의 땅이었습니다. 아울러 프랑스 남부도 약 200년, 이탈리아 남부는 약 220년 정도 이슬람의 지배를 받습니다. 오랫동안 지중해는 이슬람의 바다였습니다.

1453년에는 콘스탄티노플이 함락되면서 동부 전선이 뚫리죠. 이 여세를 몰아 이슬람은 알바니아, 그리스, 불가리아, 체코, 헝가리를 정복하고 오스트리아 합스부르크의 심장인 빈까지 진출합니다. 이때가 1683년으로, 이슬람과 서구와의 관계에서 굉장히 중요한 해입니다. 이슬람이 가장 번성했던 극성기이기도 합니다.

오스만 제국이 빈을 세 차례나 공격합니다만, 빈이 결국 막아 내죠. 이슬람이 지브롤터를 건넌 711년부터 빈이 세 차례 공격당한 1683년까지 거의 천 년 가까이 유럽은 이슬람을 이기지 못했습니다. 침략당하고 지배당하는 등 전쟁과 위협의 공포에 떨었습니다.

이 부분이 우리가 쉽게 상상할 수 없는 유럽인이 가지고 있는 이슬람에 대한 공포입니다. 이슬람포비아(Islamophobia, 이슬람 공포증 또는 이슬람 혐오증)의 역사적인 뿌리가 바로 여기에 있는 겁니다. 기독교 유럽 세계가 이교도 이슬람으로부터 천 년간 직접 지배당하고 위협과 공포에 떨었다? 상상이 잘 안 되시죠? 그 어떤 말로도 설명하기 어려운 적대적인 트라우마가 유럽인들에게 있는 겁니다.

빈 침공 이후 100년 가까이는 냉전 시기였습니다. 그동안 서구와 이슬람 사이에 힘의 강약이 바뀌게 됩니다. 서구가 이슬람 세계보다 힘의 우위에 서는 확실한 계기는 1798년 나폴레옹의 이집트 정벌입니다. 이를 계기로 서구가 이슬람을 공격하는 거대한 서막이 열립니다. 이 사건 이후 200년간 모든 이슬람 세계가 단 한 지역도 예외 없이 서구의 지배를 받습니다. 동남아시아까지 포함해서 완전히 거꾸로 됩니다.

인도네시아는 네덜란드 지배를 받고, 필리핀은 스페인 지배를 받고, 인도, 스리랑카, 말레이시아, 브루나이가 영국 지배를 받습니다. 아프가니스탄은 영국과 러시아가 분할 지배하고, 중앙아시아 전역은 러시아 지배를 받고, 북아프리카 대부분은 프랑스 지배를 받고, 중동은 영국과 프랑스가 분할 지배하게 됩니다. 이처럼 모든 이슬람 세계가 최소 200년 이상 서구의 지배를 받습니다. 오랫동안 당해왔던 유럽이 다시 지배자가 되자 과거의 앙갚음이라도 하듯이 혹독한 박해와 탄압, 조직적인 사회 와해 전략을 구사합니다. 이후 제1, 2차 세계

1798년 나폴레옹의 이집트 정벌은 서구가 이슬람 세계보다 힘의 우위에 서는 계기가 되었다.

대전을 통해 분할되면서 오늘날의 중동이 모습을 드러내게 된 거죠.

711년부터 제2차 세계대전이 끝난 1,200년 사이에 앞선 천 년은 이슬람 세계가 서구를, 최근 200년은 서구가 이슬람 세계를 지배했습니다. 우리는 일제 36년간의 지배와 피지배 관계를 겪었잖아요. 민도나 교육 수준에서 세계 최고라는 한-일 두 민족이 아직도 그 문제만큼은

자유롭지 못합니다. 위안부 문제나 교과서 왜곡 문제, 독도 문제로 사사건건 부딪히고 있지 않습니까? 겨우 36년간의 관계도 이런데 무려 1,200년간 지배와 피지배를 번갈아 경험했다면 그 뿌리가 어떻겠습니까? 서구가 이슬람 세계에 갖고 있는, 또 이슬람 세계가 서구에 갖고 있는 것이 쉽게 해소되지 않는 마음의 상처라는 사실을 이해할 필요가 있습니다.

천 년간 야만적이고 미개하다고 무시했던 서구에게 이젠 오히려 지배를 당하잖아요. 쉽게 받아들여지지 않겠죠? 우리는 주변에 늘 강대국이 있어 왔기 때문에 그 틈바구니에서 실용적인 이익을 취하는 생존 전략을 택했습니다. 그 부분에서 우리 민족은 탁월합니다. 유대인들도 정말 잘하는 분야입니다. 그런데 아랍 사람들 입장은 어떨까요? 한때 세상을 호령했던 사람들이잖아요. 그런 상황을 못 견딥니다. 깔보고 무시했던 사람들에게 200년간이나 지배당했다는 사실을 현실로 받아들이기가 쉽지 않은 겁니다.

그래도 90% 이상은 주어진 현실과 상황을 받아들입니다. 속으로는 부글부글 끓겠지만 주류들은 현실적인 타협을 합니다. 그러나 그중에서 5% 정도는 도저히 못 받아들이는 거죠. 굽히고 들어갈 수가 없는 겁니다.

그들의 인식은 이렇습니다. 오늘날 왜 우리가 이 모양 이 꼴이 됐는지 아는가? 이슬람의 원래 가르침을 버리고 서구를 따라가려고 모방하고 정신과 영혼을 팔아 버렸기 때문에 이런 비참한 꼴이 됐다. 지금이라도 정신을 바로 차리고 빼앗긴 영혼을 도로 찾고 중세의 화려했던 과거로 돌아가자. 이것이 알 카에다 같은 이슬람 극단주의자들의 논리이고 생각입니다. 이런 주장에 대한 동조자는 다수는 아닐지라도 항상 있을 수밖에 없습니다.

그런데 이 극단적인 5%가 이슬람의 이미지를 끌고 갑니다. 너무나 과격하기 때문에 눈에 띄고 언론에서도 앞다퉈 다룹니다. IS 같은 경

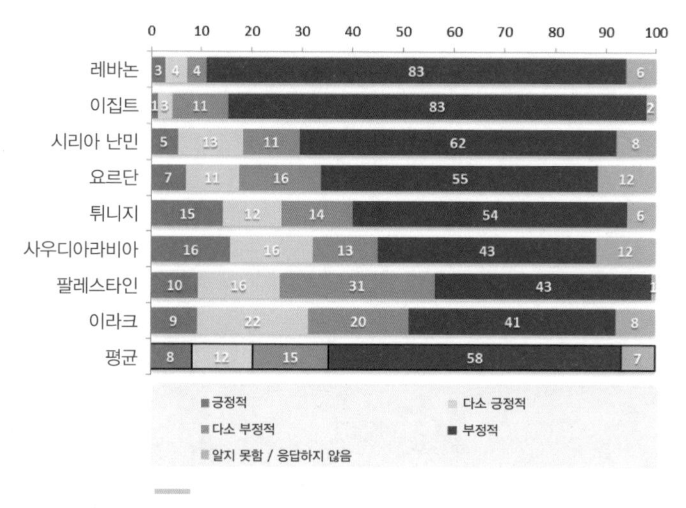

IS에 대한 이슬람권 사람들의 인식

우가 대표적이잖아요. 극소수 테러 집단들이 이슬람을 팔아 자신들의 정치적 야욕을 채우고 있는데, 이런 모습을 통해 이슬람을 일반화시켜 버리잖아요. 미국의 여론 조사에서도 IS가 진정한 이슬람을 대변한다고 생각한 응답자가 27%나 된다고 합니다. IS에 대한 동조자들의 입장도 면밀히 분석해 보면 사실 IS 자체에 대한 지지보다는 미국의 패권적 중동 정책에 불만을 가진 사람들의 반미 정서가 중요한 요인으로 작동하고 있습니다.

십자군 전쟁으로 만난 이슬람과 서구

1,200년의 역사 중에 두 세계 모두에게 깊은 상처를 남겼던 또 하나의 사건이 있습니다. 여러분 다 아시죠? 십자군 전쟁입니다. 1096년

기독교와 이슬람이 예루살렘을 두고 맞붙은 십자군 전쟁

에 시작된 1차 십자군부터 시작해 아홉 차례에 걸쳐 전쟁이 일어납니다. 그러나 유럽에서 성지 이스라엘을 되찾겠다고 나선 십자군이 진정한 의미에서 예루살렘에 도착해 전쟁을 벌인 것은 1차밖에는 없습니다. 나머지 여덟 번은 예루살렘으로 향한다는 명분하에 비잔틴 제국이나 주변 기독교 국가들을 침략하고 약탈했던 전쟁으로 변질됐습니다.

살육과 파괴를 철저히 금지시키고 십자군에 맞섰던 살라딘

성스러운 전쟁을 벌인다는 명목으로 1차 십자군은 1099년 예루살렘을 빼앗는 데 성공합니다. 당시 십자군은 예루살렘에 있던 모든 무슬림과 유대인을 단 한 명도 남기지 않고 학살합니다. 화형이 집행됐고, 임산부까지 확인 사살하는 만행을 저질렀습니다. 이교도는 아예 씨를 말리겠다는 전략이었습니다. 인류 역사상 가장 참혹한 사건 중에 하나였죠.

십자군이 이스라엘을 정복한 뒤 1187년에 이슬람의 장군 살라딘이 다시 이스라엘을 빼앗습니다. 이때 예루살렘 성안에 있던 사람들은 어땠을까요? 88년 전에 무슨 일이 벌어졌는지 잘 알고 있으니 아마 살기를 기대한 사람이 한 명도 없었겠죠?

그런데 살라딘은 단 한 사람도 죽이지 않습니다. 털끝 하나 건드리지 않습니다. 대신 3일간의 유예 기간을 줍니다. '잘 생각해 봐라. 우리와 함께 살고 싶은 사람은 남고, 같이 살지 못하겠다는 사람은 떠나라'라고 합니다. 성문을 열어 주고 몇 퍼센트의 세금을 제외한 모든 재산을 가지고 떠날 수 있게 합니다.

자기네가 저지른 일이 있는데 믿기가 어려웠겠죠? 성문 밖을 나서는 순간 재물을 다 빼앗고 죽일 거라고 생각했을 겁니다. 성안이 피로 물들면 귀찮을 테니 성 밖으로 유인해서 죽이려는 술책이라고 여겼습니다. 물론 일부는 떠났습니다. 성 밖으로 나서는 순간 죽일 줄 알았는데 멀리 사라질 때까지도 안 건드립니다. 이제는 믿게 되겠죠? 그런데도 안 떠나고 눌러앉은 사람들이 많습니다. 이런 세상이면 여기 살아도 되겠다 싶었던 겁니다. 바로 그 사람들이 오늘날 예루살렘에 남아 있는 유대인과 기독교도의 조상입니다. 지금도 그 후손들이 살아 있습니다.

유럽은 발칵 뒤집어졌습니다. 자기네들 죄과가 있잖아요. 특히 1202년 4차 십자군 전쟁에서는 같은 기독교 국가인 비잔틴 제국을 공격하지 않았습니까? 그리스 정교의 영혼의 심장이었던 성 소피아

콘스탄티노플을 함락한 오스만 제국의 메흐메트 2세

성당을 약탈하고 매춘굴로 바꿔 수녀들을 겁탈해 버리잖아요. 기독교 역사에서 가장 치욕적인 순간입니다.

1054년에 로마 가톨릭과 동로마 정교회가 공식적으로 결별한 것이 빌미가 됐습니다. 그 당시 로마 가톨릭은 그리스 정교회를 이단으로 간주했습니다. 이단에 대한 본보기 응징으로 그렇게 참혹한 짓을 했습니다. 그 트라우마는 정말 씻을 수가 없었겠죠?

1453년 콘스탄티노플이 오스만 제국에 함락될 때 로마 가톨릭은 콘스탄티누스 11세에게 십자군 원병을 제안합니다. 비잔틴 제국이 그리스 정교를 버리고 로마 가톨릭으로 개종하는 조건으로 십자군을 보내 주겠다고 합니다. 이때 콘스탄티누스 11세와 콘스탄티노플 시민 전체가 한 목소리로 거절합니다. 유명한 말입니다.

"차라리 터번을 쓴 이교도의 노예가 될지언정 로마 교황청의 도움은 받지 않겠다."

얼마 뒤 콘스탄티노플이 이교도의 손에 넘어갑니다. 4차 십자군 전쟁 때를 기억하는 거죠. 차라리 종교가 다르더라도 이교도의 지배를 받기를 선택한 겁니다.

콘스탄티노플을 점령한 오스만의 술탄 메흐메트 2세는 맨 먼저 성 소피아 성당에 가서 이슬람식 예배를 올린 뒤 손 하나 대지 않습니다. 그래서 오늘날 성 소피아 성당이 원형 그대로 남아 있는 겁니다. 가 보신 분은 아시죠? 기독교 성화와 꾸란의 구절이 그대로 함께 춤추고

기독교와 이슬람이 공존하는 성 소피아 성당

있잖아요. 정말 두 종교와 두 문명이 서로 죽이지 않고 공존하는 기가 막힌 역사적 증표이니까 유네스코도 세계문화유산으로 지정한 것입니다.

현재는 박물관특별법에 따라 성 소피아 성당 안에서는 어떤 종교도 자기 방식의 예배를 올릴 수 없도록 금지되어 있습니다. 이슬람도 안 되고 기독교도 안 됩니다. 왜? 이 성당은 인류 공통의 문화유산이라고 보기 때문입니다. 모든 인류가 와서 보고, 즐기고, 기념해야 할 유산이지 어떤 특정 종교를 위한 예배소가 돼선 안 된다는 겁니다. 그게 성 소피아 성당이 가지고 있는 메시지입니다.

다시 십자군 전쟁 당시 살라딘 이야기로 돌아갑시다. 당시 유대인들은 자기네 기준으로 봤을 때 경악하지 않을 수 없었습니다. 평범한 인간으로서는 도저히 할 수 없는 행동이라고 여겼습니다. 그래서 유럽에서는 살라딘이 사자왕 리처드 이상으로 추앙받는 성인이 됩니다.

그러나 정작 이슬람 세계에서는 살라딘이 유럽에서만큼 유명하지 않습니다. 살라딘의 묘소는 현재 시리아 다마스쿠스 우마이야 모스크 맞은편에 있습니다. 그런데 간판이 없습니다. 이 동네 사람들도 잘 모릅니다. 우리 같았으면 번쩍번쩍하게 치장해서 세계적인 관광지로 만들었을 법한데, 실제 현장에서는 안내자 없이는 찾기 어려울 정도로 평범합니다.

왜 그럴까요? 이슬람에서는 살라딘이 그렇게 큰 의미를 가진 인물이 아닙니다. 정복한 지역의 주민을 학살하지 않는 것은 장수의 기본적인 군율이기 때문입니다. 결코 대단한 결단이 아닙니다. 그래서 이슬람 역사에서 살라딘의 존재감은 그리 크지 않습니다. 기독교 세계에서 살라딘이 유명해진 덕분에 우리나라에도 살라딘 관련 책이 서너 권 번역돼 나왔습니다만, 이슬람 세계에선 그렇게 비중 있게 다루지 않습니다.

이런 역사가 있으니 이슬람에서는 십자군 전쟁을 어떻게 기록했을까요? 잔혹한 살육과 약탈로 기록했습니다. 종교와 상관없는, 오히려 기독교 정신에도 위배되는 전쟁으로 기록합니다. 기독교에서는 성지순례를 방해하는 이교도를 응징하기 위한 성스러운 전쟁으로 기록했겠죠? 이렇게 관점이 다른 겁니다. 부시가 이라크를 칠 때 십자군 전쟁을 들먹였잖아요. 이슬람 세계에서는 도저히 이해가 안 가는 대목입니다. 십자군 전쟁은 기독교의 수치인데 왜 그것을 들먹일까 의아한 겁니다.

제1차 세계대전 패배와 오스만 제국의 종말

현재 중동 지역 갈등의 뿌리를 찾으려면 제1차 세계대전을 다루지 않을 수 없습니다. 당시 이슬람은 오스만 튀르크 제국이 종주국 역할을 하고 있었습니다. 그런데 제1차 세계대전이 터지면서 오스만 제국은 연합군의 반대편인 독일과 오스트리아 동맹국에 가담합니다. 그 결과는 패전이었고, 오스만 제국은 와해됩니다.

오스만 제국의 땅이었던 발칸 반도가 유럽 손에 들어가면서 보스니아, 코소보 사태가 일어나는 원인이 됐지요. 아울러 아랍 지역은 22개의 개별 국가로 독립해서 오늘날 우리가 알고 있는 중동 국가들이 등장합니다. 팔레스타인 문제도 이 과정에서 생겼습니다.

체첸 사태도 같은 맥락에서 발생한 것입니다. 본래 오스만의 영토였다가 제국이 와해되면서 구소련이 관심을 갖고 침공합니다. 주민의 대다수는 여전히 무슬림입니다만, 소련에 병합되면서 주도권을 내주게 되었죠. 1980년대 구소련이 붕괴될 때 그 치하에 있던 나라들이 다 독립합니다. 우즈베키스탄, 카자흐스탄, 키르기스스탄, 아제르바이잔 같은 나라들이 그때 다 일어섭니다. 체첸도 1990년도에 독립을 선언했습니다. 종교도 다르고 민족도 다르니까 당연한 수순이겠죠.

그런데 체첸은 전략적으로 굉장히 중요한 지역이었습니다. 카스피해 유전이 지나가기 때문에 러시아로서는 포기할 수 없는 지역입니다. 그래서 다른 나라의 독립은 다 인정해 주면서 체첸만은 인정하지 않은 겁니다. 체첸 입장에선 말이 안 되는 상황이죠. 독립을 선언하고 대통령도 뽑고, 일부 국가들은 체첸을 독립국가로 인정하기도 했습니다. 그러자 러시아가 다시 체첸을 침공해서 러시아 말을 잘 듣는 허수아비 정권을 앉혀 버립니다. 체첸은 그럼 가만히 있을까요? 독립을 위해서 투쟁하겠죠?

그런데 언론에서 뭐라고 하나요? 빼앗긴 나라를 되찾겠다고 하는 사람들을 뭐라고 불렀습니까? 체첸 '반군'이라고 부르지 않았습니까? 이런 역사적 왜곡이 어디 있나요? 언론이 참 문제입니다. 러시아가 꽂아 놓은 허수아비 정부가 정통 정부가 되고, 거기에 저항하는 세력을 반군이라고 부릅니다.

카스피 해 유전이라는 이해관계가 미국과 러시아에게도 맞아 떨어지니까 미국도 이 문제에 눈을 감는 겁니다. 극단적인 이슬람 정권이 들어서면 위험하다고 판단하기 때문입니다. 차라리 러시아가 낫다고 생각하고 한통속이 된 겁니다. 이렇게 체첸의 사정을 몰라주고 외면하니까 체첸 독립 세력은 갈수록 급진화될 수밖에 없습니다. 비극이죠.

보스니아도 유사합니다. 원래 가톨릭계와 이슬람계, 세르비아 정교계가 각각의 부족으로 하나의 국가를 구성하고 있었습니다. 오스만 시대 때는 무슬림들이 이 지역에서 주도권을 잡았겠죠? 그런데 오스만이 무너지니까 세르비아계가 새롭게 헤게모니를 장악하면서 지난 400년간 이슬람에 억눌렸던 것을 앙갚음하겠다고 공격했잖아요. 이게 내전이 되고, 여기에 가톨릭이 강한 크로아티아까지 가세합니다. 이 세 부족이 정치권력을 재편하고자 서로 투쟁한 겁니다.

코소보도 마찬가지입니다. 코소보는 보스니아 남쪽에 있는 독립 자치구입니다. 이슬람을 믿는 알바니아계가 많습니다. 코소보 인구가 약 100만 명 정도 되는데, 정교를 믿는 세르비아 밑에서는 살기 싫은 겁니다. 같은 이슬람을 믿는 알바니아에 합병시켜 주든지 아니면 따로 독립시켜 달라고 요구합니다. 세르비아가 용납할 수 없다고 밀고 내려와서 인종청소를 하니까 NATO(북대서양조약기구)가 개입합니다. 이때 40만 명이 학살당합니다. UN 평화군이 세르비아와 코소보 사이를 가로막고 휴전시키고 코소보는 독립을 선언합니다. 종교, 민족, 역사적인 배경 모두 다르니까 그렇게 했습니다. 그러나 세르비아는 독립을 인정하지 않고 호시탐탐 다시 합병할 기회를 노리고 있습니다.

보스니아, 코소보, 체첸 등이 화약고가 된 것은 빅브라더였던 오스만 튀르크가 무너지고, 그 뒤에 소련이 들이닥쳤다가 소련마저 무너지면서 그동안 쌓여 있던 역사적 응어리들이 터져 나왔기 때문입니다. 빅브라더가 사라지자 작은 형제들끼리 주도권을 차지하고자 싸운 것이죠.

지금 중동의 화약고 문제는 다시 말하면 제1차 세계대전 이후의 문제라고 정리할 수 있습니다. 제1차 세계대전 이전까지는 중동 내부의 갈등이 거의 없었습니다. 유대인과 아랍인 사이의 갈등도 없었습니다. 중동은 원래 아랍어를 공용어로 썼잖아요. 종족이 같고, 언어를 공유하고, 이슬람이라는 종교도 공유하고 있습니다. 언어, 종족, 종교까지 같은 강한 결속력이 또 어디 있나요? 그런데 제1, 2차 세계대전을 거치면서 22개로 쪼개져 개별 국가로 독립하게 됩니다.

팔레스타인과 이스라엘

이제 팔레스타인 이야기를 해 봅시다. 먼저 지리적으로 보면 오늘날의 팔레스타인은 이스라엘을 가운데 두고 왼쪽에 가자 지구와 오른쪽에 웨스트뱅크, 즉 서안 지구로 나누어져 있습니다. 가자 지구는 하마스(Hamas, 팔레스타인 자치정부 집권당)가 지배하고 있고, 웨스트뱅크는 파타(Fatah, 팔레스타인 민족해방운동)가 지배하고 있습니다. 팔레스타인 자치 정부 수도가 웨스트뱅크의 라말라에 있습니다. 남쪽으론 이집트,

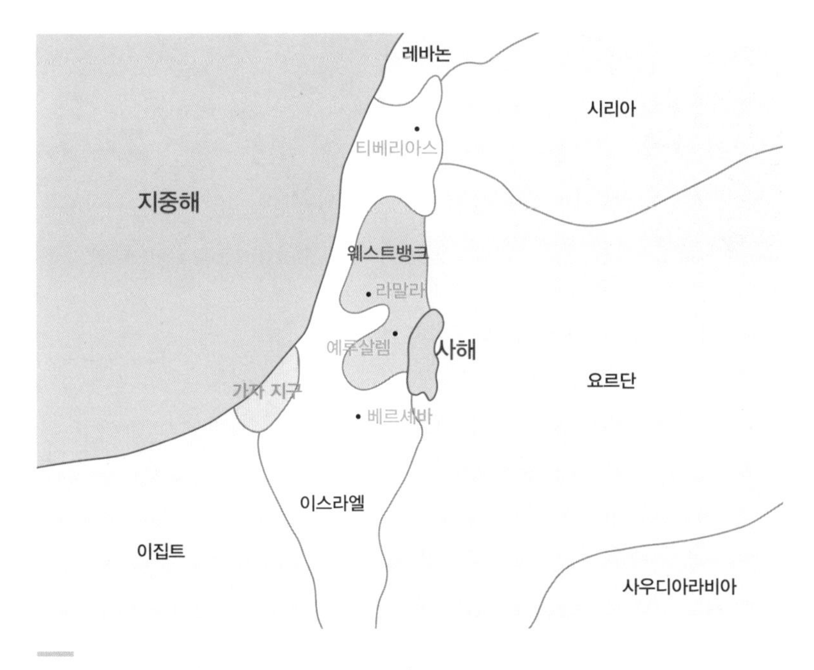

팔레스타인 분쟁 지도(KIDA 세계분쟁 데이터베이스)

팔레스타인을 상대로 겨냥하고 있는 이스라엘군

동쪽에 요르단, 북동쪽에 시리아, 북쪽에 레바논과 국경을 맞대고 있습니다.

아랍인과 유대인의 공통 조상이 아브라함이란 것은 배웠죠? 유대인은 아브라함의 둘째 아들 이삭의 후손이고, 아랍인은 첫째 아들 이스마엘의 후손입니다. 그런데 어떻게 오늘날과 같은 갈등이 만들어졌

팔레스타인 무장 단체

을까요?

결론부터 이야기하면 제1차 세계대전 때 영국이 전쟁에서 승리하고자 팔레스타인이라는 한 지역을 두고 상호 모순되는 3중 비밀조약을 체결했기 때문입니다. 유대인에게는 유대 민족 국가 창설을 약속해 주고, 아랍인에게는 아랍 국가의 독립을 약속해 주고, 프랑스와는 자기들끼리 분할 점령하기로 조약을 맺습니다. 이 모순된 3중 비밀조약이 오늘날 팔레스타인 분쟁의 핵심 배경입니다. 강대국의 비도덕적인 정치 음모였던 거죠.

이제 이스라엘을 살펴봅시다. 이스라엘은 수도를 예루살렘이라고 주장하고 있지만, 국제 사회에서는 인정받지 못하고 있지요. 세계 어떤 나라도 예루살렘을 이스라엘 수도라고 인정하지 않고 있습니다. 그래서 세계 각국의 대사관은 모두 텔아비브에 있습니다. 우리나라 대사관도 거기에 있습니다. 왜 그럴까요? 예루살렘은 팔레스타인 땅입니다. UN 안보리 결의도 그렇고, 모든 국제법상 예루살렘은 이스라엘 영토가 아닙니다.

이스라엘 인구가 약 780만 명 정도인데, 유대인이 75%입니다. 아랍인은 20%를 차지하고 있고, 160만 명 정도 됩니다. 이 사람들은 이스라엘 시민입니다. 팔레스타인에 있는 아랍인과는 다릅니다. 이스라엘 영토에서 이스라엘 시민으로 살아가는 아랍인들입니다.

그러나 무늬만 시민입니다. 이스라엘 신분증은 그린카드, 옐로카드, 레드카드로 나누어져 있습니다. 거주 이전 및 취업의 자유가 없습니다. 외곽에 사는 사람들은 텔아비브로 이주하지 못하고, 직장을 얻지도 못합니다.

어디서 많이 들어본 것 같지 않습니까? 옛날 남아프리카의 인종분리 정책, 아파르트헤이트Apartheid와 똑같습니다. 그게 지금 이 시각 이

팔레스타인 집회를 막는 이스라엘군

스라엘에 현존하고 있습니다. 그런데 세상은 이 문제에 대해 아무도 귀를 기울이지 않고 있습니다. 21세기 아파르트헤이트가 이스라엘과 팔레스타인에서 명백하게 진행되고 있습니다. 그 명분은 안보입니다. 이스라엘 외곽의 팔레스타인 테러리스트들과 결합해서 이스라엘 안보를 위협할 가능성이 있기 때문에 반테러법에 의해서 관리한다는 겁니다. 자국민인데도 말입니다.

미국 내 아랍인들을 잠재적 테러리스트로 간주하고 영장 없이 수사하는 미국의 대테러 전쟁 논리를 그대로 받아들인 겁니다. 테러와의 전쟁이라고 하면 다들 넘어가잖아요. 테러와의 전쟁이라는 미명 아래 자국민의 거주 이전과 직업 선택의 자유를 박탈하고 있습니다. 팔레스타인 관련 내용은 홍미정 교수의 책 《울지 마, 팔레스타인》에 아주 자세하게 나와 있습니다.

또 해외에 거주하고 있는 유대인이 약 800만 명 정도인데, 그중 600만 명이 미국에서 살고 있습니다. 종교 분포도 인구 분포 만큼입니다. 유대교가 약 75%이고, 이슬람이 20%, 나머지가 기독교와 기타 종교입니다.

이스라엘은 2014년 기준으로 1인당 GDP가 3만 5천 달러입니다. 우리나라보다 훨씬 잘 삽니다. 이스라엘의 나라꽃은 아네모네입니다. 사막만 있는 나라가 아닙니다. 텔아비브 쪽에는 아네모네로 장식된 아름다운 정원들이 많습니다. 외부에 홍보할 때는 그런 비옥한 땅은 잘 안 보여 줍니다. 사람 살기 어려운 척박한 땅을 보여 주면서 적으로 둘러싸인 이스라엘이 얼마나 힘들겠냐고 호소합니다만, 실제로는 비옥한 땅도 많습니다.

이제 팔레스타인을 살펴볼까요? 1인당 GDP부터 보면 2014년 기준으로 1,500달러 정도입니다. 이스라엘과는 20배도 더 차이가 납니다. 2천 년간 살아오던 땅을 침략해서 빼앗은 사람들은 저렇게 잘 사는데 빼앗긴 사람들은 이렇게 고통스럽게 살아가니 갈등이 안 생길 수가 없는 겁니다. 사람이 비교를 안 하고 살면 얼마나 좋겠습니까만, 이런 상황이면 비교를 안 할 수가 없겠죠? 같은 하늘 아래 살아가는데 이런 경제적인 격차가 나니 사람을 미치게 만드는 겁니다.

팔레스타인도 수도가 동예루살렘이라고 주장합니다. 하지만 국제사회가 이 주장도 받아들이지 않습니다. 그래서 실제 수도는 라말라입니다. 인구는 약 450만 명 정도 됩니다. 웨스트뱅크에 270만이 살고 있고, 가자 지구에 180만 명 정도 있습니다. 이스라엘에 거주하는 팔레스타인인까지 합치면 모두 1,270만 명 정도 됩니다.

이스라엘에 아랍인들이 살고 있듯이 팔레스타인에도 유대인이 살고 있습니다. 약 17% 정도입니다. 이들은 유럽에서 이주해 온 유대인이 아니라 아주 옛날부터 아랍인과 함께 살아왔던 사람들입니다. 해외에는 약 500만 명이 살고 있습니다. 이 모두를 합치면 약 1,700만 명으로 1,600만 명 정도인 이스라엘과 비슷합니다. 참 묘하죠?

가자 지구와 웨스트뱅크 모두 팔레스타인 땅인데 둘은 나뉘어 있습니다. 이스라엘을 통과하지 않으면 갈 수 없습니다. 이렇게 나라를 잘라 놨습니다. 가자 지구와 웨스트뱅크를 잇는 고속도로가 하나 있긴 합니다. 그러나 체크포인트가 수십 개나 있습니다. 웨스트뱅크 경계 지역에만 96개, 내부에도 57개의 체크포인트가 설치되어 있습니다. 일거수일투족을 통제하고 감시한다는 것과 무엇이 다르겠습니다. 통과할 때마다 수시로 발가벗기거나 알몸 투시기로 검색합니다. 온갖 모욕과 차별을 무릅쓰고 도처에 깔린 체크포인트를 통과해야 건너편 땅에 도착할 수 있습니다.

돌아올 때도 마찬가지 과정을 거쳐야 합니다. 이게 일상으로 반복되면 미치겠습니까, 안 미치겠습니까? 고속도로는 우리나라 방음벽처럼 벽을 높게 세워 옆으로 새 나가지 못하게 막아놨습니다. 중간에 빠져서 테러할까 봐 그렇게 했습니다. 중간에 차도 못 세웁니다. 차를 세우면 바로 쏴 버립니다.

유대인의 역사와 중세 유럽의 박해

저는 오늘 갈등의 역사보다는 공존의 역사를 강조하려고 합니다. 유대인과 아랍인은 2천 년 동안 정말 행복하게 잘 살았습니다.

유대인의 역사를 우선 살펴보겠습니다. 유대인은 기원전 1800년경에 아브라함이 가나안 땅에 정착하면서 등장합니다. 모세의 출애굽 이야기는 잘 아실 겁니다. 기원전 1000년경에 유대인은 팔레스타인을 비롯한 가나안 원주민을 제압하고, 사울이 왕국을 일으킨 뒤 다윗이 왕국을 통일하고 솔로몬 때 영화를 누립니다.

기원전 932년에 솔로몬 왕이 죽고 나라가 쪼개지죠. 남쪽은 유대 왕국이 되고, 북쪽은 이스라엘 왕국이 됩니다. 북쪽 이스라엘은 아시리아에 멸망당하고, 남쪽 유대는 신바빌로니아에 멸망당합니다. 하지만 유대 왕국은 페르시아의 키루스 황제 때 회복된 이후 오랫동안 살아남아 로마 시대까지 이어집니다.

기원전 63년에 폼페이우스가 가나안 지역을 정복하면서 유대 왕국은 로마의 지배에 들어가죠. 그리고 서기 70년 티투스에 의해 결국 멸망합니다. 많은 수의 유대인들이 포로가 되어 로마로 끌려갔고, 이때부터 디아스포라Diaspora, 즉 유랑 생활이 시작됩니다. 135년에는 팔레스타인에 거주하고 있던 유대인들이 로마에 의해 강제 추방됩니다. 모여서 못 살게 완전히 찢어 놓습니다. 모여 있으면 결집해서 저항하니까 그랬습니다. 이때 유대 왕국이 산산조각이 납니다.

그 자리에 아랍인들이 자연스럽게 정착하고 살기 시작했습니다. 아랍인이 팔레스타인을 체계적으로 관리하기 시작한 것은 630년경 이슬람이 들어오면서부터였습니다. 무슬림들은 팔레스타인의 새로운 행정 주체로 등장합니다. 왜냐하면 예루살렘을 무함마드가 승천한 성지로 받아들였기 때문입니다. 그 자리에 모스크를 짓고 순례자들이 모여드니 체계적으로 관리하게 된 것입니다. 이때부터 오늘날까지 아랍인들이 예루살렘을 차지하고 있습니다. 1099년 십자군 전쟁 때 예루살렘이 잠시 점령당한 적이 있습니다만, 살라딘이 다시 점령하면서 오늘날까지 이슬람의 땅으로 남아 있습니다.

이슬람이 다시 점령한 예루살렘

십자군 전쟁은 이슬람과 기독교의 갈등뿐만 아니라 유대교와 기독교와의 갈등도 만들었습니다. 1차 십자군 전쟁 때 십자군에게 유대인과 무슬림들이 함께 학살당했습니다. 유대인과 무슬림 사이에 갈등이 있었던 건 아닙니다. 이 부분이 중요합니다. 따라서 지난 2천여 년의 역사를 반추해 보면 유대인과 아랍인 사이에 갈등이 생긴 것은 최근 60여 년밖에 안 됩니다.

유대인이 반유대주의에 고통당하고 학살당한 역사는 유럽과의 관계에서 비롯된 겁니다. 이슬람과의 관계가 아닙니다. 그 오랜 시간 무슬림과 유대인은 갈릴리 호수와 웨스트뱅크라는 제한된 생태계를 공유하면서 평화롭게 공존해 왔습니다. 우리가 이 사실을 잘 모르고 있습니다.

종교적인 교리는 지난 시간에도 잠깐 언급했습니다. 예수께서 오셔서 새로운 복음을 전달하실 때 유대인은 거절했습니다. 예수의 메시지가 선민사상을 위협한다고 봤기 때문에 예수를 혹세무민하는 위선자로 간주했습니다. 그래서 로마를 설득해 예수를 골고다에서 처형하게 만들죠. 구세주를 팔아넘겨 잔혹한 처형에 이르게 한 지울 수 없는 죄과가 유대교와 기독교가 적대하게 되는 뿌리가 됐습니다. 로마에 의해 유대 왕국이 멸망하고 수많은 유대인들이 유럽으로 끌려가 디아스포라를 경험하며 지독한 민족적 차별과 종교적 박해를 당해 왔던 교리적인 이유이기도 합니다.

이처럼 유럽인은 유대인을 매우 싫어했는데요, 그 혐오가 집단적으로 표출된 것이 1347년 페스트가 대유행했을 때였습니다. 1344년부터 1347년까지 유럽 전역에서 페스트가 극성을 부렸습니다. 그때 유럽에서 2천만 명이 죽었다고 합니다. 정확한 통계라고 보긴 어렵겠지만, 대략 당시 인구의 3분의 1이 죽은 것으로 보고 있습니다. 이 시기는 또 교황의 권위가 하늘을 찌를 때였으며, 면죄부를 한창 팔 때였습니다. 종교개혁이 일어나기 한 세기 전이었죠.

하나님을 대신하는 교황이 모든 것을 할 수 있는 절대적인 권한을 갖고 있던 시기입니다. 면죄부로 죄를 사해 줄 수 있는 막강한 권한을 갖고 있는 교황과 교황청이 유럽 인구 3분의 1이 죽어 나가는 대재앙 앞에서는 속수무책이었습니다. 커다란 사회적 위기에 직면하게 된 겁니다.

다행히 교황은 살아남습니다. 그 당시 지식인들은 쥐를 통해 페스트가 전염된다는 사실 정도는 알고 있었습니다. 그래서 쥐가 못 들어오게 하려고 교황청 부근에 거대한 불문을 만들고 정제된 수녀가 매일 그 불을 통과하며 교황에게 음식을 날랐습니다. 교황은 이렇게 살아남았습니다만, 대재앙 앞에서 사람들을 구원하지 못한 것에 대한 불만은 폭발했겠죠?

'페스트는 하나님의 저주'라고 합니다. 그 당시 누가 보더라도 하나님의 저주 아니겠습니까? 그때 교황이 칙령을 내립니다.

"하나님이 저주를 내린 이유는 우리 속에 악마가 너무나 만연해 있기 때문이다. 따라서 우리 속에 악마를 제거하여 하나님의 저주를 푸는 것이 우리의 소명이다."

유명한 칙령입니다.

이 칙령 어디에도 유대인은 언급되지 않았습니다. 유대인을 죽이라는 말도 없습니다. 그러나 당시 유럽인에게 악마와 유대인은 동의어였습니다. 유럽인은 교황이 악마를 언급할 때 자연스럽게 유대인을 떠올렸습니다. 그래서 유대인이라고 확인되는 순간 모조리 죽였습니다. 이게 페스트에 묻혀 있는 1차 유대인 대학살 사건입니다. 유럽 역사에서는 절대 기록하지 않습니다.

페스트가 진정된 뒤 곧이어 마녀사냥이 시작됩니다. 그때 기독교를 믿지 않는 마녀는 누굴까요? 이교도이거나 집시입니다. 물론 마귀가 들렸다며 불행한 아녀자들이 많이 희생당했지만, 당시 예수님을 믿지

페스트가 창궐한 당시 유럽인에게 악마로 각인된 유대인들이 화형당하는 모습

않는 이교도는 유대인이었습니다. 그래서 이때 유대인들이 또 한바탕 인종청소를 당합니다. 16세기에 종교개혁이 일어날 때까지 유럽의 인식 체계 속에서 유대인과 악마는 동의어였습니다. 무려 1,400년간 지속된 생각입니다.

유대인은 악마라는 등식에 결정적인 변화가 생기기 시작한 것이 종교개혁입니다. 마르틴 루터에 의해서 처음으로 유대인이 악마의 지위에서 벗어납니다. 놀라운 변화였습니다. 마르틴 루터의 대표작 중 하나가 〈악마론〉인데요, 그 서문에 이렇게 돼 있습니다.

지구상에 악마를 제외하고 가장 사악한 우리의 적은 유대인이다.

루터 이전까지는 유대인이 곧 악마였는데, 루터에 와서는 악마 다음으로 사악한 존재로 격상됐습니다. 악마의 지위에서 벗어난 겁니다. 이렇게 되기까지 1,500년 걸렸습니다. 상상이 안 되죠?

근현대 유럽 사회의 유대인 박해

유럽인이 유대인에 대해 가지고 있는 적개심과 고정관념이 얼마나 뿌리 깊은지 아시겠죠? 20세기에 이르기까지 이러한 사고는 크게 바뀌지 않습니다. 나치와 히틀러의 홀로코스트가 일어날 수 있는 역사적인 배경입니다. 미치광이 히틀러가 갑자기 파시스트로 변해 유대인들을 몰살시킨 게 아닙니다. 문화라는 건 하늘에서 뚝 떨어지지 않습니다. 어마어마한 하부 구조가 함께 가는 겁니다.

반유대주의에 대한 유럽의 단단한 공감대가 전제되지 않는 한 홀로코스트는 일어날 수 없습니다. 홀로코스트가 한창일 때 유럽은 어땠나요? 침묵하거나 방관했습니다. 이런 고통스런 과정을 거쳤으니 유대인 입장에선 어떻겠습니까? 이러다간 씨가 마르겠다 싶었겠죠? 유대 민족주의자들의 위기감은 상상을 초월했을 겁니다.

그래도 살아야 하잖아요. 살아남기 위해서 유대인들은 지하경제로 들어갑니다. 제도 경제에 투자를 하려면 내가 받지 못하더라도 내 자손과 후손에게 그 혜택이 돌아간다는 믿음이 있어야겠죠? 그래야 국민 경제나 민족 자본에 투자하지 않겠습니까? 그런데 유대인들은 제도 경제에 참여할 수가 없었습니다. 그래서 지하경제로 들어갑니다. 내일 당장 무슨 일이 벌어질지 모르는데 어떻게 장기적인 투자를 하겠습니까? 무슨 일이 벌어지면 돈과 짐을 싸들고 도망갈 준비를 해야겠죠?

그래서 고리대금업을 시작합니다. 현금 장사잖아요. 풀어놓은 돈을 못 받아도 이미 원금 몇 배는 챙겨 놓는 게 고리대금업 아닙니까? 그다음으로 보석상을 합니다. 그중에서도 대표적인 게 전당포죠. 전당포는 유대인의 직업이었습니다. 물건을 잡히고 물건 값의 절반이나 3분의 1을 주는 게 전당포 아닙니까? 찾으러 오면 수수료를 남기고, 찾아오지 않으면 더 좋고요. 도망갈 일이 있으면 보석과 돈을 싸서 일어서면 됩니다.

고리대금업의 현대적인 모습이 무엇입니까? 그게 바로 금융 파생상품이잖아요. 월스트리트를 유대인이 다 장악하고 있습니다. 골드만 삭스, 리먼 브라더스, 체이스 맨해튼 은행, 조지 소로스 등 다 유대인입니다. 유대인은 2천 년간 어떻게 돈을 벌 수 있는지 생존을 걸고 노하우를 축적했습니다. 우리 자본주의라 해 봐야 겨우 100년 아닙니까? 이 사람들을 어떻게 당하나요.

자녀를 결혼시킨 분들은 아실 겁니다. 같은 다이아몬드라도 이스라엘 커팅이 들어갔는지 여부에 따라 가격 차이가 엄청나게 납니다. 지금도 보석은, 특히 다이아몬드는 세계적으로 유대인들이 다 장악하고 있습니다. 보석 가공, 디자인, 유통 모두 그렇습니다. 2천 년간 축적된 노하우들입니다.

미국에 가면 파온Pawn이라고 있죠? 우리말로 전당포입니다. 미국의 파온 운영주들이 대부분 유대인들입니다. 유럽에서 하던 전당포를 미국 가서도 지금까지 하고 있는 겁니다. 이런 식이다 보니 유럽인들은 더 유대인을 미워하게 되고 유대인들은 자기 살 길을 찾으려고 더 지하로, 지하로 내려가는 악순환 구조가 생깁니다.

19세기 말 유럽에서 유대인과 관련한 중요한 사건 세 가지가 동시다발적으로 일어납니다. 유대인이 움직이지 않으면 안 되게 한 사건들이었습니다.

첫 번째가 유럽에서 큰 규모로 일어난 경제 공황인데요, 그 원인이 유대인의 농간 때문이라는 소문이 확산됩니다. 경제적인 문제만 생기면 지하경제를 장악하고 있던 유대인이 지목됩니다. 당시 사회에서는 기본적인 상식처럼 여겨졌습니다.

러시아 황제 차르 알렉산드르 2세가 암살당한 모습

두 번째가 1881년 러시아 차르 알렉산드르 2세 암살 사건입니다. 당시 알렉산드르 2세가 수도였던 상트페테르부르크로 가다가 한 청년이 던진 폭탄에 암살당합니다. 그 청년은 현장에서 체포됐습니다. 배후를 밝혀야 하는데 아무리 고문을 해도 안 나오는 겁니다. 나중에 알려졌습니다만, 약간 정신 이상자였습니다.

그런데 대러시아 황제가 정신병자가 던진 폭탄에 맞아 죽었다고 하면 좀 우습잖아요. 사실이 그렇긴 합니다만, 당국은 체면이 서지 않겠죠? 그런데 발가벗기고 고문을 하다가 범인이 할례를 한 것을 발견합니다. 유대인들이 할례 하잖아요. 이 사건은 그래서 차르를 시해하고자 하는 유대인 극렬분자들의 조직적인 범죄로 결론 납니다. 이 사건을 계기로 이듬해인 1882년에 '5월법'이 제정됩니다. 비밀법입니다.

당시 유대인은 농토가 풍족했기 때문에 러시아에 제일 많이 살고 있었습니다. 러시아 정부는 이 유대인들을 성분 분석해서 A, B, C 등급으로 나눕니다. 러시아에 동화될 여지가 전혀 없다고 판단되는 A급은 비밀리에 살해합니다. 특히 엘리트들이 많이 포함돼 있었습니다. 러시아에 동화될 가능성이 낮은 B급들은 재산을 빼앗아 국외로 추방합니다. 나머지 C급은 러시아 국민으로 철저히 동화시켜서 노동력이나 노예로 쓰기로 합니다.

끔찍한 인종 분류법이죠? 유대인 중요 인물들이 암살을 당하고, 대량으로 재산 탈취가 일어나고, 추방되는 일이 벌어지니까 비밀법이 세상에 알려집니다. 이때 많은 유대인이 동유럽으로 넘어갑니다. 폴란드, 체코, 헝가리에 갑자기 유대인들이 많아지게 된 것이 바로 러시아의 5월법 때문입니다.

세 번째 사건은 1894년 프랑스에서 일어난 드레퓌스 대위 사건입니다. 유명한 사건이죠? 프랑스의 군사 기밀을 담은 문서가 적국 독일 대사관에서 발견된 겁니다. 내용을 살펴보니 A급 비밀 정보로, 프랑스의 고위 정보장교가 아니면 다룰 수 없는 내용이었습니다. 이 사건으로 프랑스 사회가 충격에 빠집니다. 누가 이 정보를 적국에 팔아먹었을까? 자체 조사가 시작되고, 마침내 드레퓌스 대위가 범인으로 지목됩니다.

이유는 단 한 가지였습니다. 신원 조회를 해 보니까 할아버지 대에 유대인과 결혼한 기록이 있었습니다. 프랑스 정보장교 속에 국가를 배반할 범죄를 저지를 수 있는 사람은 악마의 더러운 피가 흐르는 드레퓌스 대위밖에 없다고 단정한 겁니다. 이게 실제적인 이유였고요, 표면상으로는 유출된 기밀문서의 필적과 드레퓌스 대위의 필적이 유사하다는 거였습니다.

군사 기밀문서를 넘긴 혐의를 둘러싸고 누명을 쓴 드레퓌스 대위

물론 조작된 것입니다. 이렇게 드레퓌스 대위를 범인으로 몰아서 비전투 시기의 최고형인 무기징역을 선고하고 감옥에 가둡니다. 누가 봐도 명백한 조작이었습니다. 이때 프랑스 지성들이 들고 일어납니다. 이건 프랑스 지성과 문화에 대한 모독이라고 저항합니다. 에밀 졸라가 이 사건으로 세계적인 주목을 받습니다. 로로르 지에 〈나는 고발한다〉라는 칼럼을 쓰며 드레퓌스 대위 사건을 정면으로 비판합니다.

여론에 밀려 결국에는 재조사를 하게 됩니다. 이 과정에서 에스테라지 소령이 진범으로 확인되고 드레퓌스 대위는 무죄로 석방되지요.

드레퓌스 대위는 석방됐지만, 이 사건이 유대인 사회에 미친 영향은 너무나 컸습니다. 유대인이라는 말 때문에 언제든지 사람이 누명을 쓸 수도 있고 죽을 수도 있겠다고 느끼게 됩니다.

이런 분위기 속에서 1897년 8월 스위스 바젤에서 제1차 시온주의자 회의가 개최됩니다. 이때 세계 유대인 지도자들이 다 모입니다. 물론 비밀회의였습니다. 여기서 팔레스타인 지역에 유대인의 조국을 건설한다는 '바젤 계획'을 채택합니다.

물론 위기의식 때문이었습니다. 이렇게 가다간 씨가 마르겠다, 이게 다 나라를 갖지 못했기 때문에 생긴 일이다, 앞으로 전 세계 유대인이 대동단결하여 수단과 방법을 가리지 않고 유대 국가를 창설하는 데 온갖 노력을 경주하자, 이것이 바젤 계획의 핵심 내용이었습니다. 이때부터 국가 창설에 대한 이야기가 시작된 거죠.

그러나 전 세계적으로 반유대주의가 극성을 부리고 있는데 어느 나라가 유대인에게 땅을 내주겠습니까? 없겠죠? 그 당시 영국이 세계 최강의 국가였습니다. 영국 금융 자본의 최고는 로스차일드로, 유대계 은행입니다. 유일하게 제도권 경제에서 제 역할을 하고 있었습니다.

로스차일드가 영국 정부와 유대인 사이에 중재자 역할을 했습니다. 당시 영국 정부는 식민지로 가지고 있던 캐나다 북부, 아르헨티나, 우간다 북부 등 일부 지역을 유대인에게 제안합니다. 당시 일본도 유대인에게 큐슈 지방을 국가 건설 후보지로 제공하겠다는 제안을 했다고 합니다. 이렇게 네 군데가 유대 국가 건설 후보지로 제안됐습니다.

유대인도 상당히 긍정적으로 검토를 했지만 결국은 무산됐습니다. 유대인 내부에서 반발이 있었기 때문입니다. 캐나다, 아르헨티나, 큐슈는 너무 멀잖아요. 제일 가까운 게 우간다인데, 열대 지역인 우간다에 유대인이 몇 명이나 가겠습니까? 그 엄청난 모욕과 위험을 감수하고 겨우겨우 유럽 언저리에 자리를 잡았는데 그걸 버리고 우간다와 아르헨티나로 누가 가려고 하겠습니까? 물론 학살의 위협을 느끼는 사람들은 움직이고 싶겠지만, 로스차일드처럼 자리를 잡은 유대인은 아무도 움직이려고 하지 않습니다.

이런 과정을 거치며 내린 결론이 하나님께서 유대 민족에게 내려준 젖과 꿀이 흐르는 가나안 땅으로 가야 한다는 것이었습니다. 그게 바로 시온주의입니다. 가나안 땅에 있는 언덕이 바로 시온 언덕입니다. 이때부터 유대인 가슴에는 시온으로 돌아가야 한다는 인식이 굉장히 뿌리 깊게 형성됩니다.

이스라엘 건국의 아버지가 테오도르 헤르츨입니다. 이스라엘 국기를 만들고 국가 건설을 위한 시동을 겁니다. 이처럼 목표는 설정했지만 기회는 좀처럼 주어지지 않습니다. 그런데 그 기회가 제1차 세계대전을 통해 찾아옵니다.

후세인-맥마흔 비밀조약

제1차 세계대전은 영국과 프랑스가 연합국이 되고 독일과 오스트리아가 동맹국이 돼서 싸운 전쟁입니다. 전쟁 중반까지는 독일이 일방적으로 우세했습니다. 프랑스가 점령당하고, 런던도 함락 직전까지 갔습니다. 그때 영국이 히든카드를 꺼내듭니다.

당시 영국은 인도를 식민 지배하고 있었기 때문에 인도의 용병과 식민지에서 공급하는 어마어마한 물자를 가지고 전쟁을 치르고 있었습니다. 인도에서 출발한 물자가 아덴 만과 홍해를 거쳐서 수에즈 운하를 지나 지중해로 빠져 나가야 합니다. 홍해를 지날 때 요르단의 아카바 항을 지나지 않으면 안 되는데, 당시 아라비아 반도는 오스만 튀르크가 장악하고 있었습니다. 오스만 튀르크는 독일 오스트리아와 함께 동맹국에 가담하고 있었죠? 영국의 적국이었습니다.

아카바 항을 지키고 있던 오스만 군대는 함포를 모두 홍해를 향해 조준하고 있었습니다. 인도에서 오는 물자가 이 항구를 지나야 하는데, 나타나기만 하면 함포 사격을 하니 아무도 지나가지를 못하는 거죠. 이 항구를 장악하지 않으면 영국도 전쟁에서 이길 승산이 없는 겁니다.

당시 아랍은 오스만 튀르크의 식민 지배를 받고 있었습니다. 그러나 같은 이슬람을 믿고 있었기 때문에 아랍 민족은 오스만과 함께 이교도 영국과 전쟁을 해야 한다며 지하드를 선언했습니다. 영국이 전

후세인과 맥마흔

쟁에서 이기려면 아랍 민족을 자기편으로 돌려야 했습니다.

이집트를 지배하던 영국 총독 맥마흔이 메카에 있는 아랍의 태수 샤리프 후세인을 비밀리에 만납니다. 그때 제안한 내용은 이렇습니다.

"계속해서 오스만의 지배를 받을 거냐? 우리를 도와주면 전쟁이 끝난 뒤 팔레스타인을 포함해 아랍의 독립국가 건설을 보장해 주겠다."

솔깃하겠죠? 그래서 1915년 12월에 '후세인-맥마흔 비밀조약'이 체결됩니다.

이로써 아랍은 같은 이슬람을 믿는 형제를 버리고 영국 편에 섭니다. 그러나 아랍 전사들은 민병대 수준으로 오합지졸이었습니다. 이때 영국의 아랍 전문가였던 로렌스 대령이 파견됩니다. 이 로렌스 대령이 아랍 민병대를 훈련시키고 오스만에 맞설 무기를 공급한 뒤, 아카바 항을 지키고 있는 오스만 군대 등 뒤에서 공격합니다.

오스만 군대는 믿었던 형제들로부터 등에 칼을 맞으며 아카바 항을 내줍니다. 이렇게 전세가 역전되고 영국과 인도를 잇는 생명선이 확보됩니다. 아랍 지도자들은 독립국가 건설을 보장받은 대신 하나님을 배반하고 형제를 버리면서 영국 편에 붙은 겁니다. 〈아라비아의 로렌스〉라는 영화가 이 이야기를 토대로 만들어졌습니다.

밸푸어 선언과 사이크스-피코 조약

연합군은 중부 전선에서도 독일군에게 많이 밀렸습니다. 그래서 전세를 역전시키고자 마지막 카드를 또 꺼내 드는데, 그게 바로 유대인이었습니다.

당시 유대인은 독일과 오스트리아 치하에 많이 살고 있었습니다. 독일의 신무기 프로젝트에 유대인 과학자들이 대거 포진하고 있었습니다. 독일의 지하 정보 네트워크 요소요소에도 유대인이 적극적으로 가담하고 있었던 거죠. 강대국 틈바구니에서 먹고살아야 하니까 어쩔 수 없는 선택이었겠죠? 독일과 오스트리아 밑에 있는 유대인 브레인들을 영국 편으로 끌어들여야 할 절박한 필요가 있었습니다.

그때 영국의 외무 장관이 여왕의 지시를 받고 유대인의 지도자급인

로스차일드를 만납니다. 이때 묻습니다.

"독일과 오스트리아에 있는 당신네 동족들을 우리 편으로 끌어들일 방법이 없겠느냐?"

이에 대해 로스차일드는 '노NO'라고 대답하지 않고 '네버Never'라고 대답합니다. 있을 수 없는 일이잖아요. 독일이 이길 게 뻔한 상황이었습니다.

이때 영국이 히든카드를 던집니다. 만약에 유대인이 영국을 위해 싸워 준다면, 전쟁이 끝난 이후에 영국 정부는 팔레스타인에 유대 국가를 창설해 줄 용의가 있다고 말합니다. 로스차일드가 자기 귀를 의심합니다. 이때 대화를 각색해 옮겨 보겠습니다.

> "각하, 다시 한 번 말씀해 주십시오Your Excellence, Please repeat again."
>
> "여왕을 대신하여 나 외무 장관은 영국 정부가 팔레스타인에 유대인의 나라를 설립할 준비가 되어 있다고 엄숙하게 선언합니다On behalf of Her Majesty the Ministry of Foreign office solemnly declares The British government is ready to establish the Jewish national home in Palestine."
>
> "각하, 문서로 해 주시겠습니까Your Excellence, please kindly write down in written document?"

이렇게 여왕을 대신해서 밸푸어가 문서를 작성하고 도장을 찍어 줍니다. 1917년 11월 2일에 있었던 그 유명한 '밸푸어 선언'입니다. 물

Foreign Office,
November 2nd, 1917.

Dear Lord Rothschild,

I have much pleasure in conveying to you, on behalf of His Majesty's Government, the following declaration of sympathy with Jewish Zionist aspirations which has been submitted to, and approved by, the Cabinet

'His Majesty's Government view with favour the establishment in Palestine of a national home for the Jewish people, and will use their best endeavours to facilitate the achievement of this object, it being clearly understood that nothing shall be done which may prejudice the civil and religious rights of existing non-Jewish communities in Palestine, or the rights and political status enjoyed by Jews in any other country'

I should be grateful if you would bring this declaration to the knowledge of the Zionist Federation.

영국의 외무 장관 밸푸어는 팔레스타인에게 유대 국가 건설을 약속하고 밸푸어 선언문을 남겼다.

론 비밀조약입니다. 로스차일드는 여왕 폐하가 준 문서를 가지고 독일로 날아가 유대인 지도자들을 다 모읍니다. 오랜 갑론을박을 벌입니다.

이 운명의 주사위를 어떻게 던질 건가? 누가 보더라도 독일의 승리가 눈앞에 보이는데, 이걸 버리고 영국 편에 붙는다는 게 얼마나 큰 리스크입니까? 유대인이 오랫동안 고통당한 것은 2천 년간 나라 없는 설움 때문이었습니다. 그런데 지금 세계 최강국 중 하나인 영국이 여왕의 이름으로 나라를 만들어 준다는데 어떻게 할 것인가? 참 고민이 되겠죠? 오랜 논의 끝에 결국 영국의 제의를 받아들입니다.

그로부터 1주일도 안 돼서 독일 정부가 개발하고 있던 비밀무기 프로젝트 원본이 영국 사령부로 넘어갑니다. 동시에 온갖 전쟁 네트워크가 마비되면서 영국군이 밀고 들어갈 틈을 벌려 줍니다. 전세가 역전될 수 있는 계기를 만들어 준 것이죠. 물론 유대인을 끌어들인 것은 미국을 제1차 세계대전에 참전시키기 위해서이기도 했습니다. 다목적이었죠.

후세인-맥마혼 조약으로 생명선이 확보되고, 독일과 오스트리아에 있던 유대인들이 비밀리에 영국에 협조하면서 영국은 비로소 승기를 잡을 수 있었습니다. 그리하여 마침내 제1차 세계대전을 승리로 이끕니다.

그런데 후세인-맥마흔 조약과 밸푸어 선언 사이인 1916년 5월에 영국과 프랑스가 비밀리에 만나 '사이크스-피코 조약'을 또 체결합니다. 전쟁에 승리한다는 전제하에 땅따먹기를 미리 해 두자는 의도였습니다. 자를 가져와서 지도 위에 줄을 긋고 북쪽은 프랑스가 갖고, 남쪽은 영국이 갖기로 약속합니다. 얄타 회담에서 우리나라에 38선을 그은 것과 똑같습니다. 이 조항에 따르면 팔레스타인은 영국

RUSSIA AND SECRET TREATIES.

TERMS PUBLISHED.

PETROGRAD, SATURDAY.

The Telegraph Agency, acting under the direction of the Maximalists, issues the following:—

M. Trotsky, Commissioner for Foreign Affairs, has published a series of secret telegrams and documents, dating partly from the year 1915 and partly from the time of the Ministerial Coalitions. In those relating to Constantinople and the Straits, M. Sazonoff, then Minister for Foreign Affairs, expresses Russia's claims to Constantinople, the west coast of the Bosphorus, the Sea of Marmora and the Dardanelles, Southern Thrace up to the Enos-Midia line, the Asiatic coast and the islands of the Sea of Marmora, and the islands of Imbros and Tenedos.

The Allies put forward a series of claims, to which the Russian Government consented. According to these demands Constantinople was to become a free port for goods neither going to nor coming from Russia. The Allies further demanded the recognition of their rights over Asiatic Turkey, as well as the preservation of the sacred places in Arabia under Mussulman sovereignty, and the inclusion of the neutral zone in Persia within the sphere of British activity.

Russia was prepared to recognise all these demands, and on her side expressed the desire that the Khalifate should be separated from Turkey. In Persia Russia bargained for the retention by herself of "Rayons" (settlements) in the towns of Ispahan and Yerd.

As regarded the future frontiers of Germany, the two sides agreed that full freedom of action should be granted. France put forward her demands, to which the Russian Government agreed. Alsace-Lorraine was to be returned to France, together with the iron ore and coal districts and the wooded regions of the left bank of the Rhine. These were also to be separated from Germany and freed from all political or economic dependence upon Germany.

Certain territories were to be formed into a free, neutral State which would be occupied by Russian troops until certain conditions and guarantees have been fulfilled and peace had been concluded.

Allied Suggestions Resented.

Especially interesting are certain telegrams of M. Terestchenko when Minister of Foreign Affairs relating to the fact that the Ambassadors of Great Britain, Italy, and France had called upon M. Kerensky and pressed upon him the urgent necessity of taking measures to make the army capable of fighting. This attempt to interfere in the internal affairs of Russia, says M. Trotsky, caused a painful impression upon the Government, and M. Terestchenko requested the Russian Ambassador at Washington to intimate to the United States Secretary for War that the Russian Government much appreciated the reserve of the United States Ambassador on that occasion.

Almost of equal interest are the telegrams and other communications sent by M. Terestchenko to his various agents. In one of these, speaking of the concessions made by the bourgeoisie to the Socialists of the Right, M. Terestchenko declares that the concessions lose a certain amount of their value owing to the fact that the Moderate Socialist leaders had in great measure lost their control over the masses, who had been carried away by the Extreme Left. M. Terestchenko further expresses the view that the rôle of the Preliminary Parliament would be a great one, that up to a certain moment it would take the place of a Constituent Assembly, and that, even though in its composition the Socialists should be in a majority the Moderate parties would succeed in holding ing their own against the Extreme Left, as the Moderate Socialists would act in accord with the Liberal parties.

The last document published is a secret telegram from the Russian Ambassador at Berne announcing that some big financiers were conferring in Switzerland.

The British deny having participated in the conference. Nevertheless a director of —— Bank (here the name of a leading London bank is given) arrived at Geneva on September 2, 1917. Nothing definite is known so far as Russia is concerned. It appears, however, that it was suggested that the Central Powers might obtain certain compensations in the East, and that the German participants in the conference insisted on the cession of the Baltic provinces and the independence of Finland.

—Reuter.

1917년 〈가디언〉 지에서 발췌한 사이크스-피코 조약을 알린 첫 번째 영문 기사문

이 차지하는 것으로 돼 있습니다.

팔레스타인이라는 한 지역을 두고 아랍 민족에게는 독립국가 건설을, 유대인에게는 민족 국가 건설을, 영국과 프랑스 사이에는 영토 분할을 약속하는 상호 모순된 조약을 체결했고, 이것이 오늘날 중동 지역 갈등의 핵심적인 배경이 된 것입니다.

팔레스타인과 민족자결주의

1918년에 팔레스타인 인구는 아랍인이 64만 4천 명, 유대인이 5만 6천 명이었습니다. 92%의 아랍인과 8%의 유대인이 이 지역에서 2천 년간 평화롭게 공존하며 살아왔습니다. 이때까지 유대인과 아랍인 사이에 갈등과 전쟁은 적어도 이슬람 역사에는 기록되지 않았습니다. 인류 역사상 두 민족이 이렇게 제한된 생태계를 함께 공유하면서 2천 년 동안 갈등과 분쟁 없이 살아온 전례가 있나요? 다시 말해 아랍인과 유대인은 평화와 공존을 그 누구보다 오랫동안 실천하고 경험해 왔던 민족들입니다. 역사학자 입장에서 보면 바로 그 부분을 우리가 놓치지 말아야 합니다.

제1차 세계대전이 끝나고 1919년에 파리 강화 회의가 열립니다. 전쟁이 끝난 뒤 첫 번째 마무리 조약입니다. 고종이 이준 열사를 보낸 그 회담입니다. 이때 미국 윌슨 대통령이 '민족자결주의 14개 원칙'을 천명합니다. 그 원칙에 따르면 한 땅에서 오랫동안 살아온 민족이 자결권을 가지고 국가를 건설할 권한을 준다는 겁니다. 우리가 이준 열사를 보내고 3 · 1 운동을 했던 것이 바로 이 원칙 때문이었잖아요.

민족자결주의 원칙에 따르면 팔레스타인은 누구의 땅이 되어야 합니까? 2천 년간 그 땅의 주인으로 살아왔고, 지금도 거기에 살고 있는 팔레스타인 사람들 땅이잖아요. 밸푸어 선언과 정면으로 위배되죠? 여기서부터 문제가 생기기 시작합니다.

유대인은 민족자결주의를 부정하고 거부합니다. 원안대로 통과되면 자기네는 갈 나라가 없어지잖아요. 유대인이 격렬하게 반대하니까 상호 모순된 두 개의 원칙을 통과시킵니다. 민족자결주의 14개 원칙과 동시에 국제 사회는 밸푸어 선언의 이행을 위하여 적극 협력한다고 발표합니다.

그때 아랍인은 어안이 벙벙해집니다. 밸푸어 선언이 뭐야? 비로소 내막을 알게 됩니다. 아랍인에게는 독립하게 해 준다고 약속해 놓고 동시에 유대인에게는 팔레스타인에 국가 건설을 약속했다는 걸 알게 됩니다. 이것이 아랍인이 서구에 갖는 첫 번째 배신감입니다.

아랍 사람들은 밸푸어 선언이라면 우리가 3 · 1 운동 선언문을 기억하는 것보다 더 뚜렷하게 기억합니다. 민족적 운명을 결정짓는 순간에 벌어진 모순된 조약들 아닙니까? 아랍 사람들은 밸푸어 선언이라면 자다가도 경기를 일으킵니다. 신을 배반하고 형제를 버리면서까지 영국을 위해 전쟁을 해 줬는데 뒤통수를 제대로 맞은 거죠.

이듬해 1920년 4월에 개최된 산레모 회의에서 팔레스타인 지역에 대한 영국의 위임통치가 결정됩니다. 사이크스-피코 조약에 따라 이미 팔레스타인은 영국이 차지하기로 돼 있잖아요. 그게 산레모 회의에서 확인되는 겁니다. 이때 유대인이 영국의 위임통치를 지지합니다. 후세인-맥마흔 조약과 민족자결주의에 의해 아랍 국가들이 다 독립해 버리면 끝이잖아요. 이스라엘 입장에선 영국을 아직은 컨트롤할 수 있다고 생각했습니다. 영국 여왕과 맺은 약속이 있기 때문에 영국이 팔레스타인을 통치해 줘야 다음 단계를 기약할 수 있는 겁니다.

1922년 7월에 국제 연맹에서 팔레스타인 지역에 대한 영국의 위임통치가 최종 결정됩니다. 이때부터 아랍 민족의 분노 시대가 개막됩니다. 오늘날까지 아랍인이 서구에 대해 저항하는 그 거대한 뿌리가 바로 여기에서 시작된 겁니다.

홀로코스트의 배경

제1차 세계대전이 끝난 뒤인 1933년 독일에서는 나치가 집권하게 됩니다. 홀로코스트는 제2차 세계대전 때 일어난 일입니다만, 그전에 나치가 집권하면서 유대인들에 대한 조직적인 학살이 이미 시작됩니다. 나치는 왜 그랬을까요?

제2차 세계대전 당시 벌어진 나치의 유대인 학살

나치는 제1차 세계대전의 패배를 설욕하기 위해 제2차 세계대전을 준비하고 있는 중이었습니다. 제1차 세계대전에서 독일이 왜 졌나요? 유대인이 큰 역할을 했죠? 내부에 있는 적을 제거하지 않고 전쟁한다는 것은 아무 의미도 없는 겁니다. 나치 입장에서는 다시 전쟁을 준비하며 내부의 적을 제거하는 것이 당연한 수순이었겠죠?

1939년, 독일이 폴란드를 침공하면서 제2차 세계대전이 시작됐습니다. 동시에 나치의 유대인 학살도 본격적으로 확대됩니다. 학살을 피한 유대인은 어떻게 할까요? 영국이 위임통치하고 있는 팔레스타인으로 물밀 듯이 모여들기 시작합니다. 그러나 팔레스타인 땅의 물과 경작지는 제한되어 있습니다. 갑자기 인구가 늘어나면 통제 불능이 되겠죠? 영국은 더 이상 유입을 받아들일 수 없다고 판단하고 유대인 난민에 대해 이민금지령을 발효한 뒤 국경을 봉쇄합니다.

독일에서 난민이 내려온다고 상상해 보십시오. 발칸 반도로 내려와서 터키를 지나 시리아를 거쳐 팔레스타인으로 와야 합니다. 시리아와 팔레스타인 국경에 시체가 산더미처럼 쌓입니다. 국경을 못 넘어오게 무차별 사격을 했습니다. 육로가 막혔습니다. 곧이어 터키도 국경을 봉쇄합니다. 당시에는 영국과 터키가 친했습니다. 영국 정부의 요청을 받아들여서 터키 국경도 문을 닫습니다.

난민들은 그리스로 행로를 바꿉니다. 그리스는 당시 최고의 선박

국가였습니다. 배들이 많았습니다. 배에 기어 올라가 권총으로 선박을 협박하고 물건을 내리게 한 뒤 난민들이 올라탔습니다. 수십 척의 배를 탈취해서 지중해를 건너 이스라엘로 떠났습니다. 이 상황이 폴 뉴먼이 주인공이었던 영화 〈영광의 탈출〉의 배경입니다.

배들이 다가오니까 텔아비브에서는 함포 사격이 시작됩니다. 어차피 도착해도 기존에 살던 사람이 다 죽습니다. 먹을 게 없으니까요. 배가 침몰하자 거기서 뛰어내려 헤엄쳐서 팔레스타인으로 들어옵니다. 젖과 꿀이 흐르는 땅을 만져나 보고 죽겠다는 각오였겠죠? 참 처절하죠?

미국을 장악한 유대인

제2차 세계대전이 본격화되면서 홀로코스트로 수많은 유대인들이 학살당합니다. 600만 명으로 추정되는 대학살이었습니다. 이 기간 동안 세계는, 특히 유럽은 침묵하거나 방관합니다. 그 밑에는 유대인이 '악마의 무리'라는 인식이 깔려 있다고 말씀드렸죠? 그래서 이스라엘 문제만 나오면 명백한 국제법 위반인 동시에 UN 안보리 결의안 위반, 인류의 보편적인 가치에 위반되는 행위들이라도 유럽이 UN에서 이스라엘에게 반대표를 던지지 못하는 겁니다.

적극적으로 비난하지도 못합니다. 만약 그런 일이 생기면 유대인은 모든 언론을 총동원해서 '너 홀로코스트 때 어디서 무엇을 하고 있었느냐'라고 추궁합니다. 유럽인에게는 지울 수 없는 원죄가 된 거죠.

유대인 가족이 모여 식사를 하기에 앞서 기도를 하고 있다.

자유와 지성과 똘레랑스를 그렇게 주장하는 유럽인이 왜 이스라엘 문제만 나오면 오금을 저리고 몸을 사리는지 이제 좀 아시겠죠?

제2차 세계대전 이후에 세계는 유대인들을 동정할 수밖에 없습니다. 어차피 유대인들이 들어가 있는 땅이니 팔레스타인 땅에 이스라엘을 건국해 주자는 동정이 모아집니다. 그때 유럽에 생존했던 유대인 300만 명이 자기 재산을 다 정리해서 자유 여신상이 보이는 미국으로 이주합니다. 더 이상 유럽에서 살고 싶지 않겠죠? 이렇게 대규모 사람들이 한꺼번에 이주한 적이 없습니다.

당시 유대인은 돈을 갖고 있었기 때문에 비교적 신생국이었던 미국은 그들이 필요했습니다. 유대인이 미국에 발을 내리고 정착한 곳이 바로 뉴욕의 할렘 가입니다. 거기서 서서히 남쪽으로 내려오면서 38번가와 34번가를 지나고 월스트리트에 도착해서 금융자본주의를 일으킵니다.

아인슈타인이나 프로이트 같은 천재들은 하버드와 예일로 진출해서 아카데미즘을 장악합니다. 또 재능 있는 예술가들은 할리우드를 통해 문화를 장악합니다. 월스트리트에서 돈을 번 유대 자본은 자기네 경제적 이익을 지키고자 언론을 장악합니다. 뉴욕타임스와 워싱턴포스트를 세우고 AP, 로이터, UPI 같은 통신사를 만들었습니다. 걸프전쟁이 일어나니까 뉴스 전문 채널이 필요해서 CNN을 세우고, 아울러 전 세계 지성인이라면 반드시 읽어야 할 영자 주간지 〈타임〉을 만들면서 미디어를 장악합니다.

제2차 세계대전 때만 해도 미국은 사실 돈이 많지 않았습니다. 미국의 자본주의는 유대 자본에서 출발했다 해도 과언이 아닙니다. 이 유대 자본에 의해 만들어진 최초의 대통령이 바로 트루먼입니다. 이후부터 미국 대통령은 유대 자본의 도움을 받지 않고는, 또 유대계 언론에 밉보여서는 대통령이 될 수 없다는 불문율이 만들어집니다. 한두 번 유대계에 삐딱하게 나오다가 이런저런 고통을 당한 대통령이 더러 있습니다.

대표적인 인물이 닉슨입니다. 닉슨이 지나치게 반유대주의로 나가다가 워터게이트 사건으로 결국 자리에서 물러났죠? 다음이 카터입니다. 카터가 노벨 평화상을 받았잖아요. 팔레스타인 편을 들었기 때문입니다. 그 결과 현직 대통령으로서 유일하게 재선에 실패합니다. 클린턴도 르윈스키 스캔들로 크게 휘청했죠? 르윈스키가 유대계였잖아요. 유대계 언론에겐 좋은 먹잇감이었습니다. 그때 힐러리의 노력도 있었습니다만, 그보다는 클린턴이 꼬리를 내리고 친유대주의로 돌아서면서 살아남게 됩니다. 오바마도 처음에는 평화적인 드라이브로 팔레스타인 문제를 해결해야겠다고 나섭니다만, 유대인의 양해를 구하고 정책을 발표하잖아요.

트루먼이 앞장선 이스라엘 건국

이스라엘 건국에는 유대인의 힘으로 대통령이 된 트루먼이 앞장섭니다. 1947년 11월 29일 제2차 UN 안보리 총회에서 이스라엘을 국가로서 승인하는 일을 추진합니다. 그때 UN이 제의한 것이 팔레스타인 분할안입니다. 2천 년간 그 땅에서 살아왔던 사람 아닙니까?

팔레스타인 쪽에서는 연방안을 제의했습니다. 팔레스타인이 주가 되고 이미 들어와 있는 유대인을 쫓아낼 수 없으니 함께 살자는 거였습니다. 유대인 입장에선 연방안이 통과되면 유럽에서처럼 여전히 2등 시민이 되지 않겠나 하는 우려가 있었죠. 그래서 아예 분할해서 각각의 나라로 세워 달라고 주장합니다. 분할안과 연방안을 놓고 세 차례나 회의가 연장됩니다만, 마지막에 가서는 분할안으로 가결됩니다. 그때 아랍 국가들은 분할안을 반대했습니다.

이스라엘을 분할하려면 나라가 기니까 동서로 자르는 게 상식 아닙니까? 그런데 남북으로 자릅니다. 물이 많고 비옥한 지중해 쪽은 이스라엘, 오른쪽 사막은 팔레스타인입니다. 우리는 유럽에서 고생하다 왔으니 비옥한 곳에 살고 너희는 오래전부터 사막이 익숙하니까 거기서 살라는 식입니다. 어차피 상식이 안 통하지만, 정말 기가 막힐 일 아닙니까? 어떤 민족도 이런 식의 분할안을 받아들일 수는 없겠죠? 하지만 미국이 주도해서 근소한 표차로 통과됩니다.

당시 유대인이 소유하고 있던 토지가 전체의 6.6% 정도였습니다. 분할되고 나서는 유대인이 전체 토지의 56%를 차지하고 아랍인은 44%만 갖게 됩니다. 자기 땅을 다 빼앗긴 거죠. 객관적인 자료들만 봐도 이런 현실을 받아들일 수 있는 민족이 지구상에 어디 있겠습니까?

자, 이제 국가 설립은 결정됐습니다. 자기 땅에 이미 살고 있던 아랍인이 이스라엘을 받아들이고, 세금을 내고, 체제 안으로 들어가든지 아니면 떠나야 국가를 설립할 텐데 팔레스타인 사람들은 인정 못 하겠죠? 2천 년을 이 땅에 살아왔고 조상들의 피와 땀이 묻어 있는 곳인데 거길 왜 떠나겠습니까? 미동도 안 하는 겁니다. UN에서 국가 승인이 돼도 현실에서는 불가능한 겁니다. 이때 이르군, 하가나 같은 유대인 테러 조직들이 가동됩니다. 이스라엘에서는 독립 단체라고 부릅니다. 그중 대표적인 것이 메나헴 베긴이 지휘하는 이르군입니다.

시온주의자들의 테러와 학살

팔레스타인 사람들이 안 나가니까 이르군Irgun과 레히Lehi라는 유대 폭력 조직들이 주도해서 극단적인 계획을 세웁니다. 디(D) 플랜이라고 부르는데요, 마을 단위로 팔레스타인 사람들을 학살하는 것입니다. 대표적인 것이 1948년 4월 9일, 독립 한 달 전에 자행한 데이르 야신Deir Yassin 마을 학살 사건입니다. 예루살렘 서쪽에 있는 언덕 위의 평화로운 마을이었지요.

144가구 마을 전체 인구가 400여 명인데, 그날 밤 마을에서 아무것도 모르고 잠자던 주민 256명이 잔인하게 살해당합니다. 졸지에 닥친

살육에 도망 못 간 아이들과 여인들이 대부분이었습니다. 집집마다 찾아다니며 확인 사살을 하고, 집에는 다이너마이트를 터트려 초토화시킵니다. 하룻밤 사이에 마을 하나가 완전히 도륙당한 셈이지요. 새벽에 시작된 살육 행진은 정오경에 모두 끝이 납니다.

그로부터 불과 한 달 사이에 20여 개의 오아시스 마을들이 이런 식으로 사라졌습니다. 이게 바로 그 유명한 디 플랜입니다. 바로 오늘 저녁에 우리 마을에 들이닥칠지도 모른다는 심리적 공포가 팔레스타인 전역을 뒤덮습니다. 400여 개의 마을이 버려지고 한 달 동안 100만 명에 달하는 팔레스타인 사람들이 가재도구 하나 제대로 못 챙기고 레바논과 시리아로 도망갑니다. 팔레스타인 난민의 시작입니다.

디 플랜이 개시된 지 한 달만인 1948년 5월 14일 이스라엘이 독립을 선언합니다. 지구상에서 이스라엘이 이렇게 등장했습니다. 오늘 말씀드린 내용은 이미 기록으로 다 나와 있습니다.

저는 반유대주의자는 아닙니다. 유대 민족도 불쌍하잖아요. 유대인을 악마로 취급하고 홀로코스트로 고통받게 하며 민족적 모멸감과 종교적인 박해를 가한 당사자가 따로 있잖아요. 바로 유럽입니다. 반면 아랍은 2천 년 동안 유대인과 아무 갈등 없이 평화롭게 공존해 왔습니다. 유럽인이 저지른 그 죄과를 평화롭게 공존해 왔던 또 다른 제3자에게 전가시키는 것이 과연 인류 문명사에 어떤 의미를 가질까

이스라엘 독립을 선언하는 다비드 벤구리온 총리

요? 우리 사회에서도 깊이 성찰해 봐야 할 과제가 아닐까요?

제가 중동을 공부하게 된 이유도 바로 여기에 있습니다. 대학교 2학년 때 조지 안토니우스라는 학자의 글을 읽었습니다. 이 사람은 자신의 책《아랍의 각성Arab Awakening》에서 이렇게 말합니다.

> 인류가 나치에 의한 유대인 학살을 망각하는 날이 온다면 인류 문명의 종말의 날이 될 것이다.

인류가 역사를 기억하는 한 홀로코스트를 잊어서는 안 된다는 것입니다.

> 그러나 함께 살아왔던 다른 민족에게 그 죄과를 전가시키는 또 다른 나치 학살극을 행하는 것은 어떤 도덕적 명분으로도 받아들일 수 없는 또 다른 인류의 비극이다.

대단한 학자입니다. 제가 중동을 공부하게 만든 학자입니다.

끝없는 팔레스타인 분쟁의 시작

1948년 이스라엘이 건국했을 때 아랍은 하나의 민족 공동체였습니다. 이스라엘이 독립을 선언하자 그다음 날 바로 전쟁을 선포합니다. 아랍인 눈에는 있을 수 없는 일입니다. 그러나 영국과 미국을 배후에

둔 이스라엘을 이길 방법이 없었습니다. 결국 패배합니다. 1956년 이집트에 나세르가 등장하면서 다시 아랍 민족주의를 표방합니다. 수에즈 운하를 국유화하고 이스라엘을 또 공격합니다. 또 무참하게 패배합니다. 이집트는 이 전쟁으로 시나이 반도 요충지를 이스라엘에게 뺏깁니다.

1967년 6월에는 다시 이집트를 중심으로 3차 중동 전쟁을 일으킵니다. 소위 '6일 전쟁'이라고도 부르죠. 이스라엘을 꺾기는커녕 기존 아랍 영토까지 빼앗깁니다. 아랍 민족에게는 가장 치욕적인 전쟁이었습니다. 시나이 반도와 골란 고원, 가자 지구, 요르단 강 서안 등 본토의 5배에 달하는 광대한 지역을 이스라엘에게 뺏깁니다. 이곳들이 이스라엘의 점령지가 됩니다.

1973년에는 OPEC(석유수출기구)이 일어나면서 석유를 무기화합니다. 4차 중동 전쟁입니다. 아랍 국가들이 똘똘 뭉칩니다. 이스라엘에 우호적인 나라들에게는 석유를 한 방울도 안 줍니다. 유동적인 나라에게는 제한 공급하고, 이스라엘에 적대적이고 아랍에 우호적인 나라들에는 무한 공급해 주는 정책을 펼칩니다.

그때 대한민국은 이스라엘에 협조적인 1급 에이전트로 분류됩니다. 우리나라가 1차 오일쇼크를 크게 당합니다. 석윳값이 갑자기 4배까지 치솟습니다. 중소기업의 3분의 2가 도산했습니다. IMF 이전 우리나라 경제의 최대 위기였습니다. 이 여파로 1979년 캠프 데이비드 협정이 만들어지고 시나이 반도가 다시 이집트에 반환됩니다.

이스라엘은 점령지에 분리 장벽을 높게 세우고 있습니다. UN이 돌려주라고 명시한 땅에도 그렇게 하고 있습니다. 팔레스타인의 지역 간 교류를 차단하고 실효적인 지배를 통해 자국 영토화하겠다는 계획입니다. 분리 장벽 높이는 8m, 길이만도 640km에 달합니다. 분리 장벽이라기보다는 지붕 없는 거대한 집단 감옥과 다름없습니다. 2007년 7월 9일 국제사법재판소 최종 판결 내용은 이렇습니다.

> 분리 장벽은 점령지 거주민들의 이동권과 직업 선택권, 교육 및 의료권을 침해하는 것이므로 명백한 국제법 위반이다. 따라서 장벽을 헐고, 장벽으로 피해를 입은 팔레스타인 사람들에게 배상하라.

이 판결이 나온 뒤 지금까지 분리 장벽은 1cm도 허물어지지 않았습니다. 인류가 이것만큼은 지키자고 약속한 것인데 누구는 하나도 안 지켜도 아무 문제없고, 누구는 위반했다고 폭격한다면 말이 되겠습니까?

1982년에 이스라엘이 레바논을 침공하고 1987년부터 인티파다Intifada가 일어납니다. 인티파다는 이스라엘군을 향해 돌멩이를 던지는 저항입니다. 이 모습이 세계적인 동정을 얻으면서 1993년 오슬로

이스라엘의 라빈 수상과 팔레스타인 해방기구의 아라파트 의장이 각 국가의 합법적인 존재를 인정하며 오슬로 협정을 체결했다.

협정으로 이어집니다. '땅과 평화의 교환'이라고 불리죠. 테러리스트의 대부로 불리던 PLO(팔레스타인 해방기구)의 야세르 아라파트 의장과 이스라엘의 이츠하크 라빈 수상이 그해 노벨 평화상을 받습니다.

'땅과 평화의 교환'이란 내용은 이렇습니다. 팔레스타인은 현재의 이스라엘을 인정하고 침략하지 말 것을 약속합니다. 그래서 헌법 1조를 고칩니다. 그 대신 이스라엘은 점령하고 있는 땅을 돌려주자는 겁니다. 어차피 국제법상 돌려줘야 할 땅입니다. 오갈 데 없는 팔레스타인 난민 400여만 명을 데려다가 그 땅에서 살게 하자는 겁니다. 두 국가 전략입니다. 이 평화안에 서로 약속하고 '땅과 평화의 교환'이라고 부르고 있습니다.

> 이스라엘은 점령지를 되돌려 주고 팔레스타인은 이스라엘을 국가로 인정하고 적대 행위를 중지하며, 상호 협력과 공존을 통해 두 개의 나라로 살아간다.

이 결의안을 바탕으로 이스라엘과 시리아, 이스라엘과 레바논, 이스라엘과 팔레스타인 자치정부, 시리아와 레바논, PLO와 시리아, PLO와 아랍 국가들의 관계를 개선하고 마지막으로 이스라엘과 아랍 국가 간에 관계를 총체적으로 개선한다는 평화 로드맵은 아주 잘 나와 있습니다.

그러나 야세르 아라파트가 죽고, 이츠하크 라빈도 이스라엘 극우파에게 암살당합니다. 이후 극우파가 이스라엘 정권을 잡으면서 새로운 단계로 접어들었다. 자연스럽게 오슬로 협정이 휴지 조각처럼 사라집니다. 다시 원점으로 돌아가 투쟁을 계속하고 있습니다.

UN 안보리 결의안 242조와 338조를 준수하는 것이 팔레스타인 분쟁을 풀기 위한 첫 단추입니다. 불법으로 점령하고 있는 땅에서 군대를 철수하고 그 영토를 아랍인에게 돌려주라는, 즉 원상회복하라는 내용입니다. UN 안보리 만장일치 결의안입니다. 그러나 아직까지 지켜지지 않고 있습니다. 우리가 어느 쪽을 편들자는 이야기는 아닙니다. 인류가 만든 보편적인 가치 기준이란 게 있잖아요. 세계인권선언, 유네스코 헌장, 헬싱키선언 등이 그것들입니다. 그 기준으로 이 문제를 들여다보자는 겁니다.

오슬로 협정이 휴짓조각이 된 이후, 하마스도 극단적인 투쟁으로 돌아섭니다. 1993년 이전까지만 해도 팔레스타인에서 자살폭탄 테러라는 것이 없었습니다. 모든 자살폭탄 테러는 오슬로 협정이 무산되면서 생겨났습니다. 그 이전에는 인티파다라고 돌멩이를 던졌잖아요. 그것으로 세계의 동정을 얻어 오슬로 협정까지 간 겁니다. 그러나 마지막 희망이 사라지자 돌멩이 대신 몸을 던지기 시작했습니다.

그럼 우리는 어떻게 해야 할까요? 우린 미국하고 친하잖아요. 오일쇼크 때 좀 고통을 받긴 했습니다만, 이스라엘하고도 친합니다. 동시에 아랍 국가들과도 친합니다. TV드라마 〈대장금〉 시청률이 어마어마하게 높다고 하죠? 그 사람들은 우리를 굉장히 좋아합니다. 이런 상황이라면 한국이 이제 미국 눈치만 볼 게 아니라 좀 더 적극적인 중재자로 나서야 하지 않을까요? 미국하고도 친하고 아랍하고도 친한 유일한 나라가 한국입니다. 이제는 강대국 눈치만 볼 게 아니라 좀 더 적극적으로 중재자 역할을 해야 합니다. 그게 선진국이자 국제 사회에 책임 있는 일원으로서 해야 할 일이 아니겠습니까?

이슬람 문화와 비즈니스

Islam

전 세계가 주목하는 할랄 산업과 광대한 에너지 자원을 가진 이슬람은 21세기 블루오션으로 떠오른다. 이슬람 세계의 문화를 이해하려면 먼저 오아시스 생태계를 들여다봐야 한다. 여기서 생긴 그들의 기질과 사고방식, 행동은 어떠할까? 이것을 알면 이슬람 사람들이 어떤 특성을 가졌는지 이해할 수 있고, 비즈니스에도 활용할 수 있다.

오늘은 오아시스 이야기부터 시작하겠습니다. 아랍 문화를 이해하려면 오아시스 생태계를 먼저 알아야 합니다. 오아시스에는 생각보다 물이 많고 계속 샘솟습니다. 순환이 되어야 깨끗한 물을 마실 수 있습니다. 만약 순환이 안 되면 큰일 나겠죠? 동물도 사람도 마찬가집니다. 오아시스라고 물이 다 같지 않습니다. 염도가 아주 높거나 고여 있는 오아시스 물은 굉장히 위험합니다. 갈증에 허덕이다가 물이 보인다고 해서 무턱대고 덤벼들어서는 안 됩니다.

아시다시피 아랍은 매우 덥고 건조한 지방입니다. 특산물로 어떤 것들이 날까요? 약재입니다. 물이 아주 귀한 곳에서 얼마 되지 않는 수분을 머금고 자기 몸에 오랫동안 간직하고 있다가 인간에게 건네졌을 때 그 농도가 얼마나 진하겠습니까? 그러니까 약효가 뛰어난 겁니다. 이 지역에서 가장 뛰어난 약효를 가지고 있는 게 바로 유향과 몰약입니다.
물론 소금도 중요한 교역물입니다만, 그건 생필품이죠? 대상들이 선호했던 고가의 희귀 사치 교역품은 바로 몰약과 유향이었습니다. 몰약은 영어로 미르myrrh라고 하며, 마취 성분이 있습니다. 이집트 사람들이 미라를 만

들 때 사용했던 게 바로 몰약입니다.

유향은 훈향하는 데 사용하는 재료입니다. 연기를 피워서 향을 냅니다. 영어로는 프랑킨센스Frankincense라고 하고, 원산지는 오만의 살랄라 지방입니다. 유향은 바닷가에서 약 50km 지역에서 서식합니다. 물 한 방울 없는 사막입니다. 그런데 50km까지는 생존이 가능합니다. 그 안으로 더 들어가면 나무가 하나도 없습니다.
바닷바람 덕분입니다. 해풍이 습기를 머금고 있죠? 공기 중 습기를 빨아들일 수 있는 최장 거리가 50km입니다. 계절풍이 불면 유향 나무들이 살아남기 위해서 바닷바람에 섞여 있는 습기를 온몸으로 받아들이겠죠? 계절풍이 바뀌면 다시 뙤약볕 밑에서 견뎌 내야 할 테니까 정말 필사적으로 빨아들입니다. 뿌리가 굉장히 깊습니다. 땅속의 물도 빨아들여야 하니까 그렇겠죠? 바로 그 지점에서 유향이 만들어집니다.
유향 나무는 굉장히 큽니다. 이 나무에 칼로 생채기를 내면 하얀 우유 같은 수액 방울이 맺힙니다. 그걸 응고시킨 게 유향입니다. 불꽃이 사그라든 숯불에 던지면 유향이 녹으면서 연기가 피어오릅니다. 이때 송진 냄새가 납니다. 그 향기가 기가 막힌 거죠. 최고의 향입니다.

오만에서 채취된 유향이 로마까지 가면 가격이 2천 배로 뜁니다. 금은 비교가 안 됩니다. 이 정도 되니까 대상들이 목숨 걸고 길을 떠나는 겁니다. 앞서 무함마드를 배울 때 말씀드렸습니다. 보통 교역의 성공률이 몇 퍼센트라고 했죠? 30% 정도입니다. 열 번 가서 일곱 번 뺏기더라도 세 번만 성공하면 손실을 벌충하고도 남았으니까 대상이 성립되는 겁니다. 한 번만 성공해도 괜찮습니다. 이 정도면 로또 확률보다 높으니까요.

유향이 물론 필수품은 아닙니다. 금이나 다이아몬드처럼 사치재였습니다. 자기 부와 신분을 과시하는 상징적인 재화였습니다. 하지만 교환가치만 있는 금과 다이아몬드와 달리 유향은 실제 사용가치도 있었습니다. 먼저 신에게 제사 지낼 때 사용했습니다. 대신전에서 최고의 격식을 갖출 때 유향을 분향했습니다. 그래서 이 유향이 신라에도 수입됩니다.《삼국사기》에 유향이 나옵니다. 신라가 불교 국가였죠? 호국불교였습니다. 왕사, 즉 임금님의 호국 사찰에서 초파일이나 부처님의 진신사리를 봉안하는 등의 중요한 행사를 할 때 왕이 직접 유향을 분향해서 부처님께 예를 올렸습니다. 얼마나 귀하게 사용했는지 아시겠죠?

오아시스의 생태계

사막에 오아시스가 없다면 사람이 살 수 없겠죠? 그런데 어떻게 그 위치를 찾아낼까요? 모래 언덕들이 가로막고 있어서 멀리서는 제대로 보이지도 않습니다. 사막을 가로지를 때 조금만 방향이 어긋나도 오아시스를 놓치겠죠?

하루에 모래바람이 두어 번 부는데, 한 번 불 때마다 지형이 바뀌어 버립니다. 한 번 바람이 불면 3~5m 되는 모래 언덕이 사라졌다가 생겼다가 합니다. 없던 언덕이 생기고 있던 언덕은 사라집니다. 사막에서는 지형지물로 도저히 길을 찾을 수 없는 거죠. 그래서 밤하늘의 별과 달에 철저하게 의지할 수밖에 없습니다. 정말 정교하게 계산하지 않으면 바로 죽음입니다. 오아시스에서 4~5km만 벗어나도 못 찾습니다.

오아시스 생태계는 물과 낙타 그리고 대추야자의 방정식으로 구성되어 있습니다. 오아시스에는 대개 대추야자 나무가 있습니다. 열매가 상당히 많이 열립니다. 오아시스에서 구할 수 있는 유일한 식물성 식량입니다. 대추야자 말고는 자라지 않습니다. 나머지는 교역으로 얻어야 합니다. 동물성 식량은 우유나 가축으로 얻을 수 있습니다.

대추야자 열매는 칼로리가 높고, 당도도 굉장히 높습니다. 하지만 자연당이라 그렇게 물을 켜지는 않습니다. 그래서 대상들이 교역할 때 비상식량으로 사용합니다. 한 끼에 두 알씩 먹습니다. 지금도 아프거나 향수에 젖으면 대추야자를 먹습니다. 한 달간의 라마단이 끝나

사막의 오아시스라고 불리는 대추야자 나무

고 처음 입에 넣는 음식도 바로 이 대추야자 열매입니다. 그만큼 신성하게 생각합니다.

우리와는 달리 사막은 아랍 사람들에게 의외로 단순한 생태 구도로 다가옵니다. 물이 없는 곳이지요. 그래서 사람이 살 수 없는 곳이 사막입니다. 우리에게 사막은 어떤 이미지인가요? 고적하고 황량하고 끝없이 펼쳐지는 복합적인 이미지가 있습니다만, 이 사람들에게는 단순합니다. 사막은 물이 없고, 사람이 살 수 없는 죽음의 땅입니다. 반면 오아시스는 물이 있는 곳이고, 사람이 살 수 있는 곳입니다. 생존의 개념이죠.

물과 낙타, 대추야자로 구성된 오아시스 생태계를 이해해야 비로소 아랍 문화를 이해할 수 있습니다. 이는 아랍 사람들의 기질과 사고방식, 행동 양태를 이해하는 배경이 됩니다.

낙타의 방정식

이제 낙타를 이해해 봅시다. 문화권마다 사육하는 동물이 다 다르죠? 우리는 돼지나 소를 키우고, 티베트에서는 야크를 키우고, 남미 안데스 산맥에서는 라마를 키우고, 중앙아시아 초원에서는 말을 키웁니다. 이처럼 문화권마다 선호하는 동물이 다릅니다.

그렇다면 사막과 오아시스에서는 어떤 기준으로 동물을 선택했을

아랍 문화권에서 의식주에 있어 동반자 역할을 하는 낙타

까요? 여러 가지 기준이 있겠습니다만, 첫째는 바로 '의식주의 효율성'입니다. 의식주 동반자 기능이죠. 그 동물이 얼마나 의식주에 도움이 되는가를 보는 겁니다. 두 번째는 끊임없이 이동해야 하니까 이동과 수송의 기능이 중요했겠죠? 세 번째는 전쟁이 자주 일어나는 동네잖아요. 전쟁을 수행하는 데 도움이 되는가도 중요한 기준 중에 하나입니다.

먼저 낙타의 의식주 동반자 기능부터 살펴봅시다. 낙타는 어마어마한 양의 고기를 줍니다. 고기질도 최고로 쳐줍니다. 낙타 두 살짜리 한 마리를 잡으면 가죽을 벗겨 내고 내장을 들어내도 약 250kg의 고기가 나옵니다. 한 가족이 매일 2kg의 고기를 소비한다고 가정하면, 낙타 한 마리로 서너 달은 충분히 먹는다는 계산이 나옵니다. 매일 2kg이면 우리나라 기준으로 세 근 반입니다. 매일 세 근 반 먹기 쉽지 않습니다. 상당히 많은 양이죠.

그런데 서너 달을 먹으려면 어떻게 해야 합니까? 다양한 보존과 가공 방법이 있어야겠죠? 고기 가공법들이 발달합니다. 뜨거운 불에 굽거나 훈제를 하거나 소금에 절이거나 양념을 바르거나, 50여 가지가 넘는 육류 가공법이 발달합니다. 유목 문화권의 특징이기도 합니다. 생존을 위해서는 필수이기 때문입니다. 1주일 뒤에 먹을 것부터 몇 달 뒤에도 먹을 수 있는 완전 건조육에 이르기까지 다양한 고기 식품을 만들어 냅니다.

또 낙타는 인간에게 풍성한 젖을 줍니다. 암낙타 한 마리에서 하루 4L에서 6L 정도의 젖을 짤 수 있습니다. 물 대신에 그냥 마시기도 합니다. 하지만 다 못 먹습니다. 유목민들은 아무리 가난해도 집안에 암낙타를 10마리에서 20마리 정도 가지고 있습니다. 50마리 이상 되면 부족장급이고요, 100마리 이상 되면 왕 정도 된다고 보시면 됩니다. 소유한 낙타 마리 수가 재산의 척도입니다. 이 정도 되니 젖을 짜면 엄청난 양이 됩니다.

터키식 요구르트

다 마실 수는 없으니까 어떻게 할까요? 바로 치즈를 만들면 너무 아깝습니다. 치즈는 한참 뒤에 만드는 것이고요, 이것을 발효시킵니다. 발효시키면 요구르트가 됩니다. 마실 수 있는 액체 상태가 아니라 순두부같이 응고된 상태를 요구르트라고 부릅니다. 겔gel 상태라고도 하죠? 아랍이나 이란에서는 요구르트를 마신다는 말이 없습니다. 요구르트는 떠먹는다는 개념입니다.

요구르트를 한 번 더 발효시키면 묽어집니다. 이걸 졸sol 상태라고 합니다. 우리가 알고 있는 마시는 요구르트입니다. 이때는 이름이 바꿔어서 '라반'이라고 합니다. 요구르트와 라반은 음식 종류가 다릅니다. 우리나라는 일본 야쿠르트 아주머니의 영향을 받아 마시는 게 요구르트처럼 됐는데요, 원칙적으로는 잘못된 겁니다. 라반까지 만들면 보름에서 20일까지는 먹을 수 있습니다. 냉장고에 안 넣어도 잘 보관하기만 하면 가능합니다.

남는 것을 모아서 이제는 무두질을 합니다. 원심분리기처럼 휘젓습니다. 단백질이 응고되면서 무거운 것은 가라앉고 지방은 분리돼 위로 뜹니다. 그 지방을 모아서 버터를 만들고요, 가라앉은 단백질 덩어리를 끄집어내 치즈를 만듭니다. 이때 만드는 치즈의 종류가 360가지가 넘습니다. 두부처럼 푸석푸석 부서져 1주일 안에 먹어야 하는 것부터 엿가락처럼 만들어 한두 달은 먹을 수 있는 것, 가루로 만든 것, 돌덩이처럼 만들어 몇 년이 가도 변하지 않는 것까지 식량 보존 계획에 따라서 다양한 치즈를 만들어 냅니다.

여기서 또 당을 추출합니다. 유당이라고 합니다. 사람이 당분이 없으면 안 되잖아요. 말리면 전지분이 됩니다.

또 사람이 살아가면서 없어서는 안 될 술을 만듭니다. 젖은 발효가 되니까요. 이것이 바로 낙유주입니다. 몽골에 가 보신 분들은 마유주 드셔 보셨죠? 말 젖으로 만든 술입니다. 사막에선 낙유주를 먹습니다. 물론 이슬람을 수용한 이후에는 술을 만들지 않습니다만, 전통은 남아 있습니다. 도수가 5~6도쯤 되니까 막걸리보다 낮습니다.

이처럼 고기와 젖만 해도 사람이 먹고살아 가는 데 전혀 지장이 없습니다. 영양의 불균형은 있을 수 있겠지만, 굶지는 않습니다. 그런데 그것뿐이 아닙니다. 털과 가죽이 또 굉장히 유용합니다. 낙타털은 카펫을 짜서 쓰고, 가죽은 워낙 넓기 때문에 신발이나 텐트를 만드는 등 온갖 것을 만들어 씁니다.

낙타 똥은 연료로 씁니다. 사막 오아시스에서 유일한 연료입니다. 오아시스에는 땔감이 없습니다. 대추야자 나무가 있긴 합니다만, 그 잎이 떨어지면 낙타와 염소가 먼저 먹어 치웁니다. 나무를 잘라서 쓸 수도 없죠? 열매가 유일한 식물성 식량인데 나무를 죽일 수는 없습니다. 어떤 분은 석유가 있지 않느냐고 말씀하시는데요, 사막에는 석유가 없습니다. 낙타 똥이 연료로 꽤 괜찮습니다. 불도 잘 붙습니다. 라이터를 갖다 대면 바로 붙습니다. 낙타는 조개탄처럼 덩어리로 똥을 누는데요, 세 덩어리 정도면 1인용 밥을 지을 수 있습니다. 대여섯 덩어리면 가족이 밥을 해 먹을 수 있고요.

낙타 오줌은 어디에 쓸까요? 오아시스에서는 모든 게 소중하기 때문에 버리지 않습니다. 머리 감는 샴푸로 씁니다. 여성들만 사용할 수 있습니다. 냄새가 지독하게 납니다. 그 더운 데서 물도 제대로 못 먹는 낙타의 오줌 농도가 얼마나 진하겠습니까? 암모니아 냄새가 어마어마합니다.

참고로 물은 사람이 먹고 마시는 것 외에는 써서는 안 됩니다. 그 물로 세수를 하고 빨래를 한다는 것은 이곳에서는 자연에 대한 도전입니다. 물의 양에 따라 공동체의 크기가 결정됩니다. 자기 대뿐만 아니라 자손 대대로 살아가야 할 생명의 공간이기 때문에 그 귀한 물을 먹는 것 외에는 그 어디에도 쓰지 않습니다.

사람은 하루에 약 4L 정도 마시지만, 낙타는 사람보다 수십 배는 더 마십니다. 낙타 한 마리가 하루에 60gal 정도 마시니까, 리터로 환산하면 227L 정도 됩니다. 56배 정도 되네요. 더구나 사람보다 더 많은 숫자의 동물과 함께 살아야 되잖아요. 그 물은 동물이 마셔야 됩니다. 또 약간은 흘려보내야 대추야자가 수분을 빨아들여 열매를 맺습니다. 이같이 기막힌 생태 조화 속에서 오아시스가 존재하는 겁니다. 이 상황에서 머리를 감고 빨래를 한다는 것은 있을 수 없습니다.

물론 목욕을 하긴 합니다. 1년에 두어 번 정도 사막에도 비가 옵니다. 그때 밀린 빨래와 목욕을 몰아서 합니다. 평소에는 어떻게 씻을까요? 하루에 3시부터 5시 사이에 바람이 붑니다. 캄신이라고 하는 사막 바람이 지나갑니다. 굉장히 셉니다. 이때 무거운 모래는 밑에 깔리고 얇은 모래가 담이나 벽에 쌓입니다. 그중에서도 제일 위에 앉아 있는 먼지 모래를 얇은 종이로 걷어내서 몸에 비벼 때를 벗겨 냅니다. 아무 모래나 가져다가 몸에 비볐다간 큰일 납니다. 모래에 유리 성분인 규사가 많기 때문에 피부가 상할 수 있기 때문이죠.

하지만 머리카락은 모래로 해결이 안 되잖아요. 남자들은 대부분 대머리라 감을 게 없습니다만, 여자는 길잖아요. 이때 낙타 오줌을 샴푸처럼 씁니다. 물론 제일 마지막에 헹구는 것은 물로 합니다.

제가 대학원에 다닐 때 사막 베두인촌에서 몇 달 동안 필드워크를 한 적이 있습니다. 석 달 동안 낙타가 모래바닥에 오줌 누는 것을 한 번도 보지 못했습니다. 낙타 주인들은 낙타 수십 마리의 생태 주기를 컴퓨터칩 이상으로 정확하게 기억하고 있습니다.

담배를 꼬나물고 있던 낙타 주인이 저 멀리 있는 손자를 부릅니다.

"아무개야, 저기 아무개 낙타(낙타마다 다 이름이 있습니다) 이제 오줌 눌 때 됐다."

손자 녀석이 오줌통을 들고 낙타에게 가서 딱 받쳐 놓습니다. 보통은 3분, 길어도 5분 안에 낙타가 오줌을 눕니다. 낙타들도 조건 반사가 되는 것 같습니다. 통을 갖다 대야만 오줌을 눌 수 있게 교육이 돼 있겠죠? 오아시스라는 생태계가 있으니 동물 학대로 보기는 좀 어려울 거 같고요, 주인이 낙타 생태 주기를 다 파악하고 있는 건 맞습니다. 생명을 나누는 가족 같은 개념입니다. 어디가 아프고 어디가 피곤한지 다 압니다.

낙타의 오줌 양은 많지 않습니다. 날이 더우니까 농축되는 거죠. 몇 번을 모아야 한 통이 찹니다. 그걸 모아서 1주일이나 3일에 한 번 머리 감는 날을 정해서 할머니부터 감고, 며느리, 첫째 딸, 둘째 딸, 막내딸 이렇게 감습니다. 낙타 오줌이 지방질 세척에 효과가 있는지는 과학적으로 잘 모르겠습니다만, 이런 모습을 직접 바라보면 더럽다는 생각보다는 경외감이 훨씬 강하게 듭니다. 자연이 준 조건에 철저히 순응하면서 살아남으려고 하는 거죠.

이런 사회에서는 질문 하나만 던지면 여자의 사회적인 신분을 알 수 있습니다.

"당신은 얼마나 자주 머리를 감습니까?"

가장 정확하게 사회적인 신분을 알 수 있는 질문입니다. 머리를 자주 감는다는 것은 사용할 수 있는 오줌의 양이 많다는 것이고, 오줌의 양이 많다는 것은 소유하고 있는 낙타가 많다는 것이죠. 정확한 부의 척도입니다.

낙타 오줌 샴푸가 얼마나 효과가 있겠나 싶겠지만, 실제로 감고 나면 머리가 훨씬 가볍답니다. 우리도 가끔 그런 경험을 하죠. 1년 내내 목욕하지 않았을 때 사람에게서 어떤 냄새가 나는지 대충은 아시죠? 그런 악취에 젖어 있다가 한번 머리 감고 나면 샤넬 No.5 향수 냄새 저리 가라 할 정도가 됩니다. 냄새도 상대적입니다. 기존에 어떤 냄새를 맡고 있다가 이 냄새를 맡느냐가 중요한 것이죠.

물론 지금은 낙타로 머리 감는 데를 찾기가 매우 어렵습니다. 우리도 그렇죠. 어떤 사람이 소가 쟁기 끄는 농촌을 보여 달라고 하면 어디로 데리고 가겠습니까? 이젠 어디서 찾아야 할지도 모르겠습니다. 그런데 외국 교과서에는 한국 농촌 풍경으로 초가집과 소 쟁기 끄는 그림이 올라와 있습니다. 외국 학자들이 한국 오면 저에게 전통 한국 모습을 보여 달랍니다. 고민하다가 겨우 민속촌 정도 데리고 가면 거기 말고 실제 사람들이 사는 데를 보여 달랍니다. 거의 불가능하죠? 아랍도 마찬가집니다.

낙타 피는 먹지 않습니다. 대신 뼈는 기록하는 매체로 사용합니다. 사막에서 유일한 캔버스입니다. 자기네 신화를 기록하고 부족장의 어록을 기록하는 매체입니다. 이집트 카이로나 터키 이스탄불, 이란 이스파한과 테헤란에 가면 낙타 뼈 판에 세밀화를 그려서 파는 가게가 많습니다. 지금도 대표적인 관광 상품입니다. 요즘은 낙타 뼈에 직접 하기 어려워서 뼈를 가루로 만들어 압착해서 그리기 좋은 캔버스로 만드는 경우가 많습니다.

낙타 뼈를 이용해 만든 목걸이

낙타의 두 번째 기능은 이동과 수송입니다. 자기 몸무게의 2배에 해당하는 500kg의 짐을 싣고 물 한 모금 마시지 않고 400km를 이동할 수 있는 놀라운 수송력을 가지고 있습니다. 지구상에 이런 동물이 없습니다. 17일 동안 아무것도 안 먹을 수 있습니다. 목숨을 걸고 새로운 오아시스를 찾아가야 하는 생태 공간에서 낙타가 없으면 아무것도 못합니다.

낙타는 위가 3개 있습니다. 하나는 물주머니고 2개는 되새김질하는 위입니다. 낙타가 먹는 풀은 나무껍질처럼 매우 거칩니다. 그걸 위에다 넣고 열흘 넘게 녹여 가면서 조금씩 되새김질합니다. 또 낙타의 혹은 지방입니다. 장시간 이동할 때 영양을 보충하는 창고입니다. 낙타는 귀와 코가 굉장히 발달해 있습니다. 물 냄새를 낙타가 맡습니다. 낙타가 오아시스를 찾아가는 거죠.

낙타의 세 번째 기능은 전쟁 수행을 보조하는 것입니다. 옛날에 무함마드가 정복 전쟁할 때 낙타를 타고 했습니다. 여기선 말도 못 탑니다. 다 낙타 전쟁입니다. 이슬람이 100년 만에 세 대륙을 석권했다고 지난 시간에 배웠잖아요. 걸어갔겠습니까? 낙타가 어마어마하게 빠르게 달립니다. 말보다도 빠릅니다. 물론 스타트는 느립니다. 하지만 가속도가 붙으면 말도 근처에 못 갈 정도입니다.

두바이에 경주장이 하나 있습니다. 처음엔 다들 경마장인 줄 아는데 사실 낙타 경주장입니다. 우리나라 과천에 경마장이 있죠? 거기랑 비교가 안 되는 규모입니다. 워낙 크기 때문에 입장할 때 망원경을 다 나눠 줍니다.

제가 그곳에 처음 갔을 때 20달러짜리를 사서 베팅을 해 봤습니다. 제 낙타가 34번이었습니다. 출발을 하면 똑같이 해야 하잖아요. 그런데 낙타 경주는 앞뒤로 세 줄로 나눠서 출발시키는 거예요. 바짝 붙이지도 않고 한 5m를 띄워서 출발시키는데, 제 낙타가 세 번째 줄에 있는 겁니다. 뒷줄에서 출발했다고 그만큼 시간을 보전해 주는 것도 아닙니다. 돈을 건 사람 입장에선 답답하죠. 하지만 저처럼 세 번째 줄 낙타에 베팅한 사람들은 흥분하기는커녕 아무렇지도 않게 생각하더라고요. 이상했죠.

전쟁에서 탁월한 보조 역할을 했던 낙타

30초만 참으면 그 조바심이 해결됩니다. 반 트랙 정도까지는 천천히 갑니다. 반쯤 지나면 가속도가 붙으면서 달리기 시작합니다. 출발할 때 차이 났던 5m, 10m는 아무 의미도 없다는 걸 알게 됩니다. 그런데 단봉낙타잖아요. 거기에다 안장을 얹고 엄청난 속도로 달리다 보면 어떻게 되겠습니까? 1년에 낙타 기수 사망자가 150~200명 정도 된 적이 있습니다. 워낙 빠르고, 또 안장이 굉장히 높아서 떨어지면 죽는 거죠. 그래서 한 5년 전부터 아랍에미리트 정부는 기수가 올라가는 것을 법으로 금지했습니다. 요즘은 로봇이 올라갑니다.

이런 낙타를 타고 정복전쟁을 한다고 생각해 보십시오. 낙타 단봉 위에 있는 높은 안장에 앉아 칼을 들고 뽀얀 먼지를 피우면서 전속력으로 달려갑니다. 당시 전쟁터가 비잔틴 제국이었잖아요. 로마의 후손들이니까 어떻겠습니까? 갑옷 입고, 투구 쓰고, 칼 차고, 방패 들고 싸웁니다. 제대로 뛰지도 못합니다. 칼을 뻗어 봐야 낙타 위에 있는 아랍 전사들에게 닿지도 않습니다. 한 번 찔러 보려고 하면 그새 지나가 버립니다. 전쟁다운 전쟁을 못했습니다. 낙타 타고 전속력으로 달려서 깃발 꽂은 곳이 이슬람 영토가 된 겁니다. 그 덕분에 100년 만에 파리 교외까지 간 거죠.

사막의 보조 동물이 양입니다. 낙타의 유용성을 열거했는데요, 거기에다 양을 대입해 보십시오. 양도 고기와 젖을 주고, 털과 가죽, 오줌과 똥을 다 줍니다. 짐을 옮기는 수송 기능은 없습니다만, 대규모로 이동시킬 수는 있습니다. 사냥개 한 마리로도 가능하잖아요.

돼지가 금기가 된 이유

이제는 이슬람에서 금기시하는 돼지를 대입시켜 볼까요? 돼지는 양질의 고기를 줍니다. 그런데 돼지고기는 아무리 좋은 조건이라도 썩어 버리고 건조되지 않습니다. 가공이 안 되는 겁니다. 돼지는 지방질도 많고 자체 병원균도 많이 가지고 있어서 그렇습니다. 원래부터 돼지고기 말린 것은 없었습니다.

낙타나 양을 한 마리 잡으면 몇 개월간 가족과 부족이 먹을 수 있는 고기가 나왔잖아요. 하지만 돼지고기는 오늘 잡아서 내일 먹어도 잘못하면 탈이 날 수 있습니다. 지금도 상갓집이나 잔칫집 가서 식중독 걸렸다 하면 대부분 돼지고기잖아요. 요즘 같은 위생 사회에서도 그런데, 사막같이 더운 곳에서는 오죽했겠습니까? 잡은 자리에서 바로 먹지 않으면 부족 전체에 재앙이 될 수 있는 고기가 바로 돼지고기입니다.

이슬람 문화권에서 금기시되는 돼지

돼지는 또 인간에게 단 한 방울도 잉여 젖을 주지 못합니다. 양, 낙타, 소는 배가 하나입니다. 새끼를 한 마리씩 낳으니 젖이 남아돌고 그래서 빼앗아 먹는 거죠. 그러나 돼지나 개 같은 잡식성 동물은 입이 많습니다. 자기 새끼들한테 줄 젖도 모자랍니다. 그래서 인간에게 줄 게 없는 겁니다. 낙타가 주는 어마어마한 유제품을 돼지에게선 하나도 기대하지 못합니다.

돼지가 털이 있나요? 가죽도 못 씁니다. 똥도 쓸모가 없습니다. 인간이 연료로 사용할 수 있는 똥은 오직 초식동물의 똥입니다. 육식이나 잡식동물은 똥이 썩어 버리지 타지 않습니다. 의식주 동반자 기능도 제로입니다. 오히려 마이너스죠.

이동과 수송 기능을 볼까요? 돼지를 한 마리 끌고 가려면 사람 둘로도 모자랍니다. 사냥개 한 마리가 수천 마리의 양을 몰고 갈 수 있다고 말씀드렸죠? 그런데 돼지는 두세 사람이 안고 가야 합니다. 물론 전쟁에도 쓸모가 없습니다. 이 정도 살펴보면 왜 아랍 사람들이 돼지를 그렇게 혐오 식품으로 금기시하는지 이해가 가시죠? 심지어 꾸란에까지 돼지고기 먹지 말라고 나오잖아요.

중동-아랍 문화의 특성: 느린 시간

오아시스 생태를 이해하면 이제 자연스럽게 아랍 문화로 연결될 겁니다. 우선 시간 개념부터 보겠습니다. 일몰이 하루의 시작이란 건 지난 시간에도 배웠죠? 주로 밤에 이동합니다. 뜨거운 태양 아래서 움직이긴 어렵습니다. 자연스럽게 일출이 하루의 끝이 됩니다. 우리와는 우주관, 시간관이 완전히 다릅니다.

밤 문화가 발달할 수밖에 없습니다. 지금도 모든 파티와 축제가 밤에 이뤄집니다. 반면 낮에는 낮잠(시에스타)과 휴식을 즐깁니다. 유럽 남부에 남아 있는 시에스타가 아랍 문화의 영향이란 건 지난 시간에 말씀드렸습니다. 밤에 주로 활동하고 이동하니까 천문학이 발달하고 점성술도 발달하게 됐습니다. 이슬람 나라들의 국기에 별과 달이 그려져 있는 것도 바로 이런 배경 때문입니다.

현세와 내세에 대한 시간관도 기독교와 약간 다릅니다. 시간은 알라가 주신 한정된 기간이라고 믿습니다. 내세를 믿기 때문에 현세보다는 내세 지향적인 경향이 있습니다. 그러나 현세도 알라가 주신 고귀한 시간이기 때문에 보람 있게 즐기고 행복하게 살아가야 할 시간으로 봅니다. 중세 기독교는 현세를 내세에 도달하기 위한 고통의 질곡으로 봤잖아요. 현세를 다분히 부정적으로 봤습니다. 비슷하지만

시에스타를 즐기는 여인

다릅니다. 그래서 이 사람들은 현세를 즐기는 스타일입니다.

그 결과 느린 삶을 추구합니다. 현세와 내세는 이어져 있기 때문에 아등바등 애쓰며 살 필요가 없습니다. 긴 삶이 있기 때문에 느리게 천천히 가도 된다고 여깁니다. 그래서 생활철학이 '내일 해도 되는 일은 철저히 내일로 미루자'입니다.

지구상에서 가장 빠른 문화를 추구하는 우리나라 사람들이 그들을 만나면 어떻게 될까요? '오늘 할 수 있는 일을 내일로 미루지 마라'라는 우리 입장에선 도무지 이해할 수가 없습니다. 무슨 이야길 해도 먹히지 않고 여러 방면에서 불편한 상황이 연출됩니다. 비즈니스 하는 분들도 이 부분을 가장 곤혹스러워 합니다.

중동-아랍 문화의 특성: 말하는 문화

아랍은 구전 문화가 그 어느 문화권보다 강한 곳입니다. 말에 살고 말에 죽습니다. 어디에 기록한다고 했죠? 종이도 없고 대추야자 잎에도 못 합니다. 낙타 뼈에다 기록합니다. 거기에 얼마나 기록할 수 있겠습니까? 게다가 99%가 문맹입니다. 유목하며 이동하는 삶의 구조 때문입니다. 주로 그림을 모래 바닥에 그리는데, 바람이 한 번 불면 다 없어지잖아요.

그래서 철저하게 기억합니다. 이 사람들은 기록의 문화가 아니라 기억의 문화입니다. 모든 역사가 머릿속에 컴퓨터처럼 저장돼 있습니다. 꾸란 전장을 외우는 이슬람교도가 지금도 3천 명이 넘습니다. 기억의 전통이 아직도 남아 있는 겁니다.

이런 문화 속에 방랑시인이 발달했습니다. 누구랄 것도 없이 다들 달변가입니다. 칼부림을 해서 결투를 하든지 아니면 말로 굴복시키든지 둘 중에 하나입니다. 둘 다 잘해야 합니다. 그래서 우리나라 사람들이 이들을 대상으로 비즈니스 하기가 쉽지 않습니다. 말에는 정말 귀재들입니다.

아랍에 가서 이들을 얕잡아 보다가 큰코다친 사람들이 많습니다. 지금도 아랍 사람들과 장사하기 쉽다는 사람을 만나 보지도, 들어보지도 못했습니다. 방랑시인은 일종의 정보 전달자입니다. 마을을 왔다 갔다 하면서 이 마을 정보를 저 마을에 전해 줍니다. 마을 사람들은 그를 통해 세상 돌아가는 이야기를 듣습니다.

아랍 지역의 대통령과 장관들은 원고를 보고 연설하는 경우가 거의 없습니다. 일단 말이 많고 자기 생각을 펼치는 데 선수입니다. 기념식이나 개관식 같은 데서 지도자라는 사람이 원고를 보고 읽으면 사람들이 우습게 봅니다. 어떤 상황에서도 주어진 시간 내에 정확한 메시지를 전달할 수 있어야 합니다. 달변가이면서 명연설가들입니다.

우리가 아는 독재자 중에 이런 명연설가들이 많습니다. 사람들을 연설로 휘어잡는 거죠. 시리아 아사드 대통령, 알 카에다 오사마 빈 라덴, 이라크 사담 후세인, 리비아 카다피, 이란 하산 로하니 대통령,

IS 지도자 바그다디 등은 모두 명연설가입니다.

특히 카다피는 연설을 시작했다 하면 세 시간 정도 합니다. 기본이 그렇고, 길게 하면 다섯 시간도 합니다. 그 다섯 시간 동안 한마디도 중언부언하지 않습니다. 그러니 청중들이 기립박수 치고 함성을 지르는 겁니다. 카다피를 만나면서 아랍어를 잘해야지 하는 생각을 해 본 적이 있습니다. 그 명연설을 제대로 알아들으면 얼마나 좋을까 싶었습니다. 반면 사우디의 살만 국왕은 나이가 많아서 비서들이 써 준 연설문을 앉아서 읽습니다. 국민들에게 가장 존경을 못 받고 있습니다.

국제회의를 할 때도 제일 골치 아픈 부분이 아랍 사람들에 대한 시간 배분입니다. 시간을 지키는 법이 없습니다. 5분을 주면 20분을 해 버립니다. 그런데 그 20분 동안 쓸 데 없는 말은 안 합니다. 그래서 중동과 아랍권에 비즈니스를 할 때는 풍성한 대화 콘텐츠가 가장 중요한 덕목이자 필수 요소입니다. 우리는 대체로 말발이 달립니다. 이야기할 내용과 콘텐츠도 부족합니다. 우리의 약점이죠.

오아시스를 공부해 보셔서 아시겠지만, 사막에서는 절대로 혼자서 살아남을 수 없습니다. 새로운 오아시스를 찾으려면 전체가 이동해야 하고, 한 가족뿐만 아니라 부족 전체가 정교하게 기능을 분화해서 생태계를 공동 관리해야 합니다. 부족 전체가 하나의 몸통처럼 움직여야 살아남습니다. 그래서 이들의 철학은 '나는 존재한다. 우리가 존재하기 때문이다. 우리가 존재하기 때문에 내가 존재한다'입니다. 고구

마줄기처럼 하나로 연결돼 있습니다. 공동체에 소속되어 있을 때 비로소 개인의 존재도 인정됩니다. 공동체를 떠난 개인은 보호받지 못합니다. 곧 죽음과 동의어입니다.

아랍에서는 개종자를 사형에 가까운 엄한 벌로 다스립니다. 공동체 안에서 한 사람이 개종했다는 것은 암세포나 바이러스가 생긴 것과 마찬가지입니다. 부족 전체에 바로 전이될 수 있기 때문이죠. 그래서 개종자를 공동체 파괴범으로 간주합니다.

선교 행위가 이슬람 국가들에서 중죄로 다뤄지는 이유가 바로 여기에 있습니다. 이슬람은 타종교에 대해 관용적이고 포용적이라고 말씀드렸잖아요. 그런데 왜 하필 개종이나 선교 활동에는 민감하게 반응할까요? 종교적인 도그마의 문제보다도 공동체를 위협한다는 태생적인 위협감 때문입니다. 이런 문화적인 배경을 이해하면 그들이 왜 이 부분에 민감한지 알 수 있습니다.

이런 공동체주의가 항상 좋다고는 할 수 없습니다. 나쁜 점도 많습니다. 대표적으로 한 부족이나 고향의 지도자가 나라에서 장관 등 고관에 오르면 그 공동체 구성원들이 줄줄이 요직을 차지합니다. 예를 들어 우리 동네 지도자가 장관이 됐다면, 보좌관부터 장관의 차량 기사, 차 나르는 비서까지 몽땅 그 동네 사람들이 차지합니다. 그걸 또 잘못됐다고 이야기하지 않습니다. 물론 이것도 유목의 전통에서 비롯된 겁니다.

비즈니스를 할 때도 이 부분을 잘 알아야 합니다. 장관은 알 필요가 없습니다. 언제든지 바뀔 수 있으니까요. 그러나 중간에 그 공동체를 관리하는 사람은 절대 안 바뀝니다. 그 사람만 잘 관리하면 일이 수월하게 풀립니다. 그 사람을 통하면 다 연결됩니다. 물론 장관도 전화 한 통으로 연결됩니다. 괜히 윗사람 관리한다고 돈 쓸 필요가 없습니다.

우리나라 지사장이나 대사가 바뀌더라도 그 사람만 인수인계하면 됩니다. 그런데 예전에는 우리나라 사람들이 그 네트워크를 후임자에게 제대로 인수인계해 주지 않는 관행이 있었습니다. 후임자는 또 처음부터 시작해야 하니 얼마나 손실이 큽니까? 최근에는 많이 개선돼서 다행입니다.

아랍의 일반적인 관습

하지 말아야 할 것을 '하람'이라고 합니다. '하렘'이란 단어가 여기서 나왔습니다. 금지된 곳이라는 뜻이죠? 뉴욕에 가면 할렘 가가 있잖아요. 오스만 튀르크 궁전에서 여인들의 공간을 하렘이라고 부릅니다. 허용된 것은 '할랄'이라고 합니다. 하나님께서 허용하신 것을 할랄이라 하고, 하나님께서 금지하신 것을 하람이라고 합니다. 술과 돼지고기가 금지됐다는 건 다 아실 거고요, 마약, 도박, 매춘도 금지되어 있습니다. 이것들은 모든 종교가 다 금지하는 것이기도 합니다.

• 오른손과 왼손

오른손과 왼손의 기능은 다릅니다. 오른손은 바른손입니다. 꾸란을 만지거나 음식을 먹을 때 사용하는 손입니다. 왼손은 화장실에서 뒤처리할 때 씁니다. 그렇다면 아랍 사람들과 악수할 때 한 손이 좋을까요, 두 손이 좋을까요? 당연히 한 손, 오른손이겠죠? 남녀가 내외하는 문화도 강합니다. 서비스 업종은 남성의 몫이고, 아직까지는 여성이 서비스업에 종사하는 것을 꺼립니다.

• 자존심과 명예

자존심과 명예를 먹고사는 사람들입니다. 특히 현지 직원을 관리할 때 종교적으로나 인간적으로 모욕이나 모멸감을 주면 굉장히 민감하게 반응합니다. 우리나라 사람들은 술 한 잔 마시며 어젠 미안했다, 그럴 수도 있지 하며 회복이 가능하잖아요. 이 사람들은 그게 잘 안 됩니다. 결코 잊지 않고 다 기억합니다. 우리 입장에서 보면 참 못된 습성이죠.

아랍에 '요구르트는 썩어 버리지 더 이상 쉬지 않는다'라는 속담이 있습니다. 우유가 약간 시큼한 게 요구르트죠? 더 쉬면 썩습니다. 썩은 거 먹으면 끝납니다. 한번 자존심이 손상되면 더 이상 회복이 안 됩니다. 이 사람들에게 자존심이나 명예를 건드리는 말과 행동을 해서는 안 되는 이유가 바로 여기에 있습니다.

• 미국에 대한 이중적 태도

선물을 매우 좋아합니다. 만날 때 항상 선물을 준비하는 게 좋습니다. 또 미국에 대해서는 이중적인 태도를 가지고 있습니다. 역사적인 적개심 때문에 미국을 무조건 싫어하는 것 같지만, 한편으로는 부러워도 합니다. 선망과 적개심의 이중적 태도를 이해하고 잘 활용할 필요가 있습니다. 사실 우리도 그렇습니다. 예전에 미국 쇠고기 문제로 촛불집회를 할 때 청바지 입고 손에 코카콜라 들고 했잖아요. 그것 보고 왜 반미 하면서 코카콜라를 마시냐고 묻는다면 난센스 아닙니까? 마찬가지입니다.

• 인샬라는 기다리는 것

'인샬라'라고 많이 들어보셨죠? 번역하면 '신의 뜻이라면'입니다. 우리나라 기업인들을 마음 졸이게 하고 괴롭혔던 아주 부정적인 이미지의 단어입니다. 걸핏하면 하나님 핑계 대고 현안을 회피한다는 거죠.

하지만 우리가 잘 이해하지 못한 겁니다. 아랍 사람들이 '인샬라'라고 하면 100% 되는 겁니다. 신의 뜻을 걸었잖아요. 그렇지만 외부인들을 쉽게 신뢰하지 못합니다. 상대방을 믿고 받아들이는 데까지 시간이 오래 걸리는 겁니다. 그 시간을 기다리는 방편으로 인샬라, 인샬라 하는 겁니다.

신의 뜻이라면 너와 내가 비즈니스가 될 거라는 뜻이죠? 기다리는 과정이고, 상대방을 아직 신뢰하지 못했다는 뜻입니다. 이때는 끝까지 기다리면 됩니다. 신의 이름을 걸었기 때문입니다. 문제는 우리가 못 기다린다는 점입니다. 아랍은 가장 느린 문화라고 말씀드렸죠? "내일해도 되는 일은 되도록 내일로 미루자"입니다. 반면 우리는 가장 빠른 문화입니다. "오늘 할 일을 내일로 미루지 말자"입니다. 세상에서 가장 느린 문화와 가장 빠른 문화가 충돌하니 어떻겠습니까? 부탁하는 입장인 우리가 참고 기다려야죠. 그러면 반드시 됩니다. 그 간격을 못 견디면 사업이 어그러집니다. 요즘은 우리나라 대기업들도 잘 기다립니다.

예를 하나 들겠습니다. 사우디에 화요일에 도착했습니다. 호텔에 체크인을 하고 그날 놀까요? 바로 바이어 사무실로 갑니다. 엄청나게 반갑게 맞아 줍니다. 손님 접대는 이 사람들이 최곱니다. 점심, 저녁까지 모두 제공하고, 심지어 호텔 비용까지 대 주는 경우도 많습니다. 바이어가 물어봅니다.

"언제 갈 건데?"

"일요일 오후 비행기야."

이렇게 정보를 확인하잖아요? 그럼 이 협상은 토요일 오후에 성사될 확률이 90%이고, 일요일 오전에 성사될 확률은 10%입니다. 다시 말해 화수목금, 토요일 오전까지는 성사율 제로입니다.

우리는 도착하자마자 바로 바이어 사무실 갔다가 이튿날 또 아침부터 사무실을 찾아가잖아요. 사우디 바이어는 좀 들어주는 척하다가 전화 오면 전화 받고, 손님 오면 손님 받고, 예배 시간에 예배 보러 가고, 오후 2시가 되면 문 닫고 "내일 보자." 합니다. 수요일도 똑같이 당하고 목요일, 금요일도 똑같이 당합니다. 이쯤 되면 우리는 상대방이 우리랑 협상할 생각이 없다고 생각하기 쉽겠죠? 마음이 급한 우리나라 사람은 본사에 비관적인 전망을 보고하고 짐 싸서 다른 곳으로 날아가 버립니다. 이런 경우가 많았습니다.

화요일에서 금요일까지는 어차피 성사될 확률이 없습니다. 그 사람들은 시간을 최대한 끌면서 조금이라도 더 유리한 위치에서 협상하기 위해 기다립니다. 그사이에 엄청난 접대를 하잖아요. 자기편으로 만들겠다는 뜻입니다. 이럴 때 어떻게 해야 할까요? 이렇게 잘 대해 주니 정말 고맙다, 일요일에 비행기 끊어 놨는데 1주일 더 있고 싶다는 식으로 오히려 여유 부리며 즐기실 필요가 있습니다.

이렇게 나오면 상대방도 긴장하겠죠? 점심 때 예배 보러 간다고 하면 따라 나서십시오. 이슬람교도는 아니지만 따라가고 싶다 하면 또 호감을 갖습니다. 마치 자기 일처럼 예배 과정을 가르쳐 줍니다. 그리고 밥 먹으러 가면 만나는 사람마다 "이 친구가 나랑 같이 예배를 봤다." 하며 자랑합니다. 이렇게 하면 자연스럽게 마음의 문을 열 수 있습니다. 자기들을 이해하려고 하는 파트너라고 생각합니다.

이 사람들은 한 번 신뢰를 맺으면 좀처럼 깨뜨리고 싶어 하지 않습니다. 그만큼 어렵게 얻은 신뢰이기 때문입니다. 그 과정이 우리뿐만 아니라 그 사람들에게도 힘듭니다. 비즈니스에서도 마찬가지입니다.

한 번 공사를 딴 업체가 계속 수주합니다. 그래서 우리 기업이 성공했습니다. 처음에는 우리가 이런 문화를 잘 몰라서 좋은 기회를 많이 놓쳤습니다만, 지금은 우리 기업들도 잘하고 있습니다. 인샬라는 기다리는 과정입니다. 그 시간을 줄이는 건 우리 몫입니다.

• 사과와 무지에 인색

아랍 사람들은 '잘못했어I'm sorry'와 '몰라I don't know'에 매우 인색합니다. 그쪽 사람들과 일을 하게 될 때 설사 상대방이 잘못했더라도 사과를 받으려 들면 안 됩니다. 잘못했다는 표현을 정말 싫어합니다. 유목 생활에서 스스로 잘못을 인정하는 것은 목숨을 내놓는 것과 마찬가지입니다. 그래서 웬만하면 미안하단 말을 하지 않습니다. 물론 마음속으로는 잘 알고 있습니다. 우리 입장에선 잘못했다는 말 한마디만 하면 다 해결될 텐데, 왜 그걸 안 하냐고 답답해합니다. 그 사과 받아 내는 데 목숨을 걸기도 하잖아요. 하지만 그 사람들은 그걸 못합니다. 두 문화권이 충돌되는 부분입니다.

'모른다'라는 말은 또 왜 그렇게 싫어할까요? 부족을 이끌며 목숨 걸고 오아시스를 찾고 있는데, 목표지가 안 나타나는 겁니다. 해는 떠오르는데 오아시스는 안 보입니다. 길을 잘못 든 거죠? 부족 전체의 생사가 걸린 문제입니다. 이때 지도자가 길을 잃었다고 말할 수 있나요? 어떤 경우라도 알고 있어야 합니다. 모른다는 건 자기만의 문제가 아니라 부족 전체가 절멸될 수도 있는 사안입니다. 특히 남자와 가장

들은 이 강박관념이 대단합니다.

여러분 중에 중동을 여행하신 분들은 다들 경험해 보셨을 겁니다. 배낭 짊어지고 길을 물으면 눈도 깜짝하지 않고 바로 저쪽이라고 알려 줍니다. 그런데 가 보면 전혀 다른 방향입니다. 다른 사람에게 물어봐도 마찬가집니다. 무슨 습관처럼 보일 정도입니다. 그래서 잘 봐야 합니다. 저 사람이 모르면서 습관적으로 손짓을 하는 건지, 진짜 알아서 길을 가르쳐 주는 건지를요.

우리가 그 사람들에게 '잘못했다'라고 말하면 좋게 보는 게 아니라 의아하게 생각합니다. 잘못할 짓을 왜 했냐는 거죠? '모르겠다'라고 하면 무책임한 사람으로 봅니다. 물론 요즘 아랍 사람들은 해외 생활을 많이 하기 때문에 그 정도는 이해합니다. 하지만 자기들은 그렇게 못 하는 겁니다. DNA 자체에 그 두 가지가 없습니다.

• 속도를 추구하는 사람들

세계의 진귀한 경주차들은 아랍 사람들이 모두 소유하고 있다는 이야기는 다 들어 보셨죠? 낙타가 엄청나게 빠르다는 것도 앞서 말씀드렸습니다. 세계에서 교통사고 사망률이 제일 높은 곳이 아랍 지역입니다. 실제 사우디 제다에서 리야드까지 뚫린 고속도로에서 140km를 놓고 달리면 자살 행위나 마찬가지입니다. 어느 순간 뒤에서 받아 버립니다. 보통 180km로 달립니다. 스피드광들입니다. 사막에는 거칠 게 없잖아요.

왜 그렇게 빠를까요? 일단 낙타 등에 오르면 전속력으로 달려야 한다는 게 입력돼 있습니다. 교역이나 전쟁은 속도 경쟁입니다. 낙타 등에 올라타는 순간 DNA 염기서열이 바뀌는 것처럼 보입니다. 그러나 낙타 등에서 내리는 순간 손도 까딱 안 합니다. 비스듬히 누워서 이거 가져와라, 저거 가져와라 왕자처럼 굴면서 게을러집니다. 이 구분이 확실합니다. 그런데 현대화되면서 낙타가 없어졌으니 그걸 무엇이 대신하나요? 자동차가 대신합니다. 대충 달리는 건 없습니다. 전속력으로 달립니다. 스스로도 제어가 잘 안 됩니다.

• 거래와 인간관계 구분

거래와 인간관계도 확실히 구분합니다. 아버지와 자식 간이라도 돈에는 조금의 양보가 없습니다. 천부적인 장사꾼이죠. 푸줏간에 고기를 사러 가면 우리는 어떻게 하나요? 1kg을 산다면 저울에 5~10g 넘어가는 건 대충 봐주잖아요. 옛날엔 비곗덩어리까지 얹어 주기도 했죠. 이 사람들은 어림도 없습니다. 2g, 1g까지 맞추겠다고 애를 씁니다.

그런데 그 손님이 누굴까요? 바로 어제 저녁에 초대해서 온갖 비싼 고기를 먹으라며 접대했던 사람입니다. 어젯밤에 그래 놓고 이튿날 고기 사러 가면 1g에 목숨을 겁니다. 우리 같으면 오만 정이 다 떨어지겠죠? 하지만 이 사람들은 거래와 인간적인 관계는 철저히 구분합니다.

제가 유학 시절에 리비아와 튀니지에 1년 정도 있었는데요, 가격이 싸니까 주로 시장에서 물건을 샀습니다. 제일 이해가 안 됐던 부분은 어떤 노점상이나 리어카상도 다 저울을 가지고 다닌다는 것이었습니다. 한쪽에 추 달린 저울 있죠? 그걸로 감자 1kg 맞추기가 쉽지 않습니다. 큰 놈 올렸다가 작은 놈 내리고 여러 차례 올렸다 내렸다 반복해야 겨우 맞춥니다. 한 3~5분 정도 기다립니다. 한국 사람 입장에선 기다리는 시간에 열불이 납니다.

사업하는 분들은 서류를 완벽하게 준비하셔야 합니다. 인간관계라는 건 완벽한 거래를 깨뜨리지 않게 하는 윤활유지, 인간관계를 믿고 서류를 대충 준비했다가는 큰일 납니다.

• 술과 돼지고기

술과 돼지고기는 둘 다 종교적인 금기입니다. 하지만 젊은 친구들은 술을 마실 수 있습니다. 서구에서 유학한 친구들은 와인 한 잔 곁들이는 것이 사람들과 친교를 쌓는 데 크게 도움이 된다는 것을 이해합니다. 또 마시고 싶어 하기도 합니다. 술이 종교적인 금기이기는 하지만, 문화적인 혐오는 아닌 거죠. 그래서 비즈니스를 할 때는 되도록이면 술을 먹여야 합니다. 이슬람권에서 왔다고 상대를 배려해 술대접을 안 하면 상당히 서운해하는 경우가 많습니다.

자기 나라에선 내놓고 술을 못 마시다가 익명성이 보장된 한국에 와서 바에도 가 보고 술도 좀 마시며 즐기겠다고 작심을 했는데, 초

청한 바이어가 술을 구경도 안 시켜 주면 어떻게 되겠어요? 다른 바이어를 찾아갑니다. 술은 되도록 권유해서 먹이는 게 좋습니다. 같이 마시면 금지된 것을 공유하는 사이가 됩니다. 이때 친밀도가 굉장히 높아집니다. 그래서 비즈니스 할 때는 먹이는 게 좋습니다. 물론 신앙심이 깊은 사람들은 끝까지 안 마시려고 하죠. 그럴 땐 존중해 줘야겠죠.

그렇다고 무턱대고 먹이라는 건 아닙니다. 한국에서 술이 갖는 사회적인 기능을 설명해 주는 게 좋습니다. 한국에선 술 한 잔 건배하면서 사업을 시작하고, 친구 사이를 시작할 때도 의식처럼 첫 잔을 마신다고 말하면 됩니다. 그쪽도 우리 문화를 존중해야 하잖아요. 그런 취지를 충분히 알려 주고 권유해 보십시오. 그들에게는 새로운 문화 체험이 될 수 있습니다. 꼭 취할 때까지 마시지 않더라도 의미가 있는 겁니다.

하지만 돼지고기는 어떤 경우에라도 먹이면 안 됩니다. 돼지고기는 종교적 금기인 동시에 문화적인 혐오 식품입니다. 이 두 가지가 중첩되면서 강력한 금기로 작용합니다. 돼지는 이미지 자체가 사탄 그 이상입니다.

적절한 비유가 될지 모르겠습니다만, 우리 사회에서 뱀 먹는 사람은 거의 없잖아요. 못 먹을 것도 아니고, 제도적으로 금지한 것도 아니지만 대부분이 안 먹죠. 보신탕 같은 것도 여성들은 안 드시는 분들이 많습니다. 구더기도 몸에 좋다고 합니다만, 일반인들은 보기도 싫어하잖아요. 만약 구더기를 구워서 스테이크 위에 토핑으로 얹어 주면 그걸 누가 먹겠습니까? 금기 여부를 떠나서 혐오스러워서 안 됩니다.

이슬람에서는 돼지가 그런 존재입니다. 절대로 먹이면 안 됩니다. 쇠고기 스테이크가 잘 구워져 있는데 요리사들이 마지막 데커레이션한다고 빛깔 고운 햄 가루를 뿌리는 경우가 있죠? 그 순간 이 사람들은 안 먹습니다. 그거 하나로 맛있는 스테이크는 날아가 버립니다. 돼지고기만큼은 철저히 지켜 주는 게 좋습니다. 종교적 금기와 문화적인 혐오는 구분해서 생각하실 필요가 있습니다.

제 딸아이가 터키에서 유치원에 다닐 때 생일 파티를 열어 주려고 친구들 십여 명을 초대했습니다. 김밥도 말아 주고, 한국 음식도 해 준다니까 많이 왔더군요. 그런데 제가 학교에서 돌아오니까 난리가 난 겁니다. 사람들이 절 보고 수군대는 거예요. 집에 큰일이 났다고요. 집에 들어가 보니 난장판이 돼 있었습니다. 아이는 침대에 엎어져 있고요.

상황을 물어보니 터키 아이들이 김밥을 먹고 잘 놀다가 딸아이 책상 위에 있는 커다란 돼지 저금통을 발견한 겁니다. 아이들이 제 딸에게 이게 뭐냐고 물었겠죠? 딸은 도무즈(돼지)라고 말해 주고, 동전을 꺼내 집어넣으며 도무즈는 돈을 먹고 자란다고 알려 준 겁니다.

터키 아이들이 도무즈란 말을 듣고 경악했습니다. 악마와 같은 돼지를 집안에서 키우고 거기다가 돈까지 준다니까 기겁을 한 겁니다.

우리 식구 모두 혹독한 문화충격을 경험한거지요.

어패류 중에는 연체동물과 갈치, 삼치 같은 비늘 없는 생선, 갑각류 등은 안 먹습니다. 종교적인 금기는 아닌데 문화적으로 혐오합니다. 꾸란에서는 아무 상관없습니다. 바다에서 난 모든 것들이 허용됩니다. 새우와 바닷가재도 안 먹었는데 최근에는 먹기 시작했더라고요.

제가 튀니지에 있을 때 아랍어과 학생들이 연수를 온 적이 있습니다. 그 지역에서는 문어가 많이 나는데, 튀니지에서 공부하신 아랍어과 교수님이 튀니지 아이들에게 문어를 잡아서 패대기쳐 오라고 심부름을 시켰습니다. 한참을 패대기친 문어를 받아다가 살짝 데쳐서 고추장을 찍어 먹는데 그 맛이 기가 막혔겠죠? 한참 먹다가 주위를 둘러보니 튀니지 사람 이삼십 명이 둘러서 있는 겁니다. 문어를 먹는다는 것 자체가 신기했던 거죠. 동네에 소문이 다 났습니다.

다음 날이 되니까 현지인 아이들이 문어 세 마리를 쇠꼬챙이에다가 꿰어 들고 기숙사 앞에서 기다리고 있는 겁니다. 1달러를 달라는 거죠.

• 도움이 되는 문화 상식들

아랍어는 오른쪽에서 왼쪽으로 씁니다. 우리는 왼쪽에서 오른쪽으로 쓰잖아요. 그 영향 때문인지 왼손잡이들이 많습니다. 양손을 다 쓰는 사람도 많고요. 냉장고를 예로 들면, 우리는 보통 오른손잡이 위주로 만듭니다만, 아랍권에 수출할 땐 양손형으로 만드는 게 훨씬 유리하겠죠? 이 사실을 알면 제품 디자인을 하거나 기능을 삽입할 때 현지인들에게 더 편리한 것들을 만들어 낼 수 있을 겁니다.

그리고 전형적인 우뇌형 인간들입니다. 감성적이고 즉흥적이고 격정적이고 의리파입니다. 인간관계를 매우 소중하게 생각합니다. 주택을 보면 외관은 소박하게 하고 내부를 화려하게 합니다. 바깥에서 보면 부잣집인지 아닌지 모릅니다. 문밖은 세속이고 문 안은 천국이라고 생각하기 때문에 그렇습니다. 그래서 중동에서는 건축업보다는 실내 인테리어 사업이 훨씬 할 일이 많습니다. 옷도 그렇습니다. 밖에 나갈 땐 검은 천 하나를 뒤집어씁니다만, 집 안에서 그걸 벗으면 온갖 명품들을 다 걸치고 있습니다.

스포츠는 무조건 축구입니다. 죽으나 사나 축구입니다. 억눌린 감정을 해소시키려는 정치적인 목적도 있습니다. 아울러 스피드 게임을 좋아합니다. 승마나 자동차 경주 같은 겁니다. 세계 자동차 경주대회가 착착 아랍에 유치되고 있습니다.

또 그들은 체면에 죽고 체면에 삽니다. 그래서 손님 접대를 잘합니다. 접대받은 것은 반드시 갚아야 할 의무가 있습니다. 한 세 번 정도는 연달아 초대받을 수 있습니다. 그런데 그사이에 한 번도 안 갚으면 엑스표가 쳐집니다. 한번 아웃되면 회복이 안 됩니다. 서로 좋은 것을 주고받는 호혜 문화를 잘 이해해야 합니다.

시계 같은 물건도 상대방이 보고 세 번 정도 좋다고 감탄하면 풀어 줘야 합니다. 그쪽 관습이 원래 그렇습니다. GCC(걸프협력회의) 국가 같은 경우는 돈이 많기 때문에 고급 지향적입니다. 또 공동체 문화가 뿌리 깊기 때문에 하나가 유행하면 순식간에 확산됩니다. 그래서 패션이 획일적입니다. 철저히 가족 중심이고, 시간이 많아서 음식도 발달했습니다.

음식 문화는 덥고 건조해서 육식 중심입니다. 달고 짜고 기름진 음식이 대부분입니다. 더우니까 운동도 잘 안 하죠. 자연히 고혈압, 당뇨, 심장병 등 위험군들이 많습니다. 따라서 한국의 웰빙 음식이 인기가 좋습니다. 홍삼 같은 거 좋아합니다. 우리나라 의료계는 이 부분에 주목해서 의료 관광 사업을 펼치고 있죠?

또 일부다처제 때문에 남성다움과 기능성 건강 보조식품을 선호합니다. 동아제약의 '자이데나'라는 한국형 비아그라가 아랍에 진출했습니다. 생약이라서 비아그라처럼 부작용이 없다고 합니다. 지금 잘 팔립니다. 아랍의 독특한 문화를 알고 비즈니스 기회를 만든 거죠? 아울러 한류가 확산되면서 한국형 화장술과 화장품에 대한 관심이 급증하고 있습니다. 아모레퍼시픽이 중동에 진출해서 성과를 잘 내고 있습니다.

숫자 7은 오리엔트 숫자입니다. 월화수목금토일, 1주일도 하나님이 천지를 창조한 날짜를 나타내죠? 메소포타미아의 전승입니다. 이것이 유대교, 기독교, 이슬람에도 받아들여집니다. 따라서 아랍에서도 제일 좋은 숫자가 7입니다.

할랄 고기와 할랄 산업

이슬람교도는 이슬람식으로 도살한 고기만 먹습니다. 돼지고기만 안 먹는 게 아닙니다. 허용할 수 있는 것을 할랄이라고 합니다. 우리 대통령의 중동 순방에서도 할랄 산업이 주요 아젠다였습니다. 할랄 시장이 약 3조 달러 정도 됩니다. 어마어마한 규모죠? 우리에게는 새로운 블루오션이 될 수 있습니다.

할랄은 도살 방식이 다릅니다. 똑같은 고기라도 죽일 때 영성의 과정을 거쳤는지 아닌지를 따집니다. 인식의 경계인 거죠. 한 인간이 또 다른 생명을 희생할 때 함부로 죽인 고기를 먹으면 안 된다는 겁니다. 생명 존중 사상이 들어가 있습니다.

첫 번째 반드시 신에게 고하는 영성의 과정을 거쳐야 합니다. '비스밀라(신의 이름으로)'를 말하고 잡아야 합니다. "비스밀라, 비스밀라, 비스밀라", 세 번 말하고 기도를 올린 뒤 잡습니다. 이것이 첫 번째 과정입니다. 두 번째는 고통을 주면서 죽이면 안 됩니다. 경동맥을 끊어서 가장 빠른 시간 안에 숨이 멈추게 잡아야 합니다. 이 과정을 거치지 않으면 못 먹습니다. 세 번째는 피를 땅에 쏟아야 합니다. 문화권마다 생명의 상징이 다릅니다만, 아랍에서는 여전히 피로 봅니다. 동물을 잡았을 때 생명의 상징인 피까지 섭취하는 것은 지나치다고 생각합니다. 잡은 뒤에 몸을 눌러서 최대한 뱉어 내게 합니다. 물론 선지는 먹지 않습니다. 피를 뽑아내면 고기 신선도가 훨씬 오래 유지된다는 장점도 있습니다. 이 과정을 거쳐야 할랄이라고 해서 먹을 수 있습니다. 그렇지 않은 고기는 돼지고기처럼 하람, 즉 먹을 수 없는 것은 아닙니다만, 왠지 께름칙하고 껄끄러운 불완전 식품이 되는 겁니다.

고기를 잡았을 때는 3분 원칙을 지키게 돼 있습니다. 3분의 1은 자선 단체에, 3분의 1은 가난한 이웃에게, 나머지 3분의 1은 자기 가족이 먹습니다. 물론 판매용은 이 원칙을 지킬 필요가 없습니다. 가죽과 털도 깔끔하게 해체하고 정리해서 자선 단체에 기부합니다. 가난한 사람의 신발이나 옷감으로 쓰이는 거겠죠? 이같이 생명 존중 사상이 바탕에 깔려 있기 때문에 어린 생명이나 사고로 죽은 동물들은 팔거나 먹어서는 안 됩니다.

그런데 할랄은 단순히 고기에만 해당되는 것이 아닙니다. 영성과 의례의 공간이 모두 포함된 개념입니다. 따라서 영성과 의례의 공간을 만들어 가는 모든 과정을 할랄 산업이라고 부릅니다.

먼저 축산이 있겠죠? 동물을 키울 때도 우리에 가둬서는 안 됩니다. 그런 동물을 잡아서도 안 됩니다. '해피 애니멀'이어야 합니다. 사육할 때도 이슬람에서 금지한 사료가 들어가서는 안 됩니다. 도축 과정은 방금 말씀드렸죠? 포장할 때도 돼지고기 잡을 때 썼던 것을 양고기에 쓰면 할랄로 인정받지 못합니다.

탑차로 이동할 때도 마찬가지입니다. 한쪽 구석에 돼지고기를 싣고 다른 한쪽에 양고기를 실으면 인정 못 받습니다. 가공도 마찬가집니다. 그리고 이 모든 과정을 진행하려면 융자든 투자든 돈이 있어야겠

ALFARAWLAH
SUPERMARKET
أسواق
الفراوله
POLSKI SKLEP FRESH FRUIT & VEG HALAL MEAT غذائية عربية
OPEN
HOURS

런던에 있는 할랄 가게

죠? 이때 들어오는 금융 상품이 도박이나 마약같이 이슬람에서 금지하는 분야에 투자해서 조성된 것이라면, 이 또한 할랄 효력이 없어집니다.

이처럼 축산부터 사육, 도축, 포장, 유통, 가공, 금융에 이르기까지 전 분야에서 영성의 공간이 유지되어야 할랄로 인정해 줍니다. 불순함이 들어가는 순간 깨집니다. 이 모든 과정이 지켜졌다고 인정할 때 할랄 인증을 해 줍니다. 나라마다 디자인이 조금씩 다르긴 합니다만, 할랄 로고가 부착돼 있으면 무슬림들은 주저 없이 구매합니다.

종합적인 과정을 관리하다 보니 제약 산업이 매우 중요해졌습니다. 약을 만들 때 마가린이나 동물성 수지 같은 걸 많이 쓰거든요. 할랄을 통해 잡은 고기의 수지냐 아니냐가 중요한 이슈가 되는 겁니다. 화장품도 동물성이 많이 들어가거든요. 약을 만들때도 마찬가지입니다. 그러니 식품과 음식은 두말할 필요도 없겠죠?

그런데 어떻게 3조 달러의 시장이 될까요? 이런 과정을 거치면 '청정'이라는 스토리텔링이 가능합니다. 그러다 보니 무슬림 고객보다 비무슬림 고객들의 수요가 빠르게 늘어나고 있습니다. 실제로 런던에서 할랄 음식에 대한 전수조사를 진행한 결과가 있습니다. 런던의 이슬람 슈퍼마켓을 이용하는 손님을 조사해 보니 무슬림 고객보다 비무슬림 고객이 훨씬 많은 겁니다. 우리나라에서도 이태원에 있는 250여 개의 할랄 식당과 슈퍼마켓을 6개월간 전수조사 한 적이 있습니다. 결과를 보니 일반 서울 시민의 구매량이 무슬림 구매량을 넘어섰습니다. 좀 더 비싸도 이런 과정을 알고 있는 사람들은 구매하는 겁니다.

요즘 얼마나 식품에 대한 불신이 많습니까? 이런 세상에서 정신적으로나 위생적으로 신뢰할 수 있는 깨끗하고 좋은 고기를 먹을 수 있다면 15~20%는 더 낼 수 있다는 사람들이 늘어나고 있는 겁니다. 예를 들어 우리나라 식품 기업들이 할랄 라면을 만든다고 생각해 봅시다. 일반인들은 누구나 먹을 수 있겠죠? 거기에다 지구촌 25%에 달하는 무슬림들도 같이 먹을 수 있는 음식이 되잖아요. 그러니까 시장이 엄청나게 커질 수 있는 겁니다.

아모레퍼시픽은 할랄 화장품을 만들고 있고, 동아제약과 대웅제약도 할랄 약품 개발에 착수했습니다. 풀무원, 농심, CJ 같은 식품 기업들도 할랄 식품 개발에 뛰어들었습니다. 지금까지 우리 기업들은 75%를 대상으로 무역을 했다면, 할랄을 통해 나머지 25%도 시장에 포함시킬 수 있게 됩니다. 시장이 25% 늘어난다는 것은 어마어마한 변화입니다. 그래서 이 시점에 할랄을 눈여겨봐야 하는 것입니다.

유망한 중소 산업 분야들

엔터테인먼트 산업이 유망한 이유는 그곳에 즐길 게 많지 않기 때문입니다. 그 더운 데서 어디를 가겠습니까? 그래서 게임을 많이 즐깁니다. 하지만 애정물이나 폭력물에 대한 금기가 강한 편이기 때문에

스포츠, 특히 축구를 활용한 게임이나 애니메이션이 유리합니다. 실제로 한국 게임이 많은 사랑을 받고 있습니다. 가족생활의 비중이 아직도 높기 때문에 가족 단위의 프로그램을 기획하는 것도 좋은 방법입니다. 지금 한창 불고 있는 한류가 좋은 기회입니다.

아울러 세계적인 디자인 트렌드가 오리엔트풍이라는 사실을 기억할 필요가 있습니다. 에르메스 같은 브랜드들도 최근 몇 년 동안 아라베스크 문양만 디자인합니다. 왜 그럴까요? 유럽 백화점에서 에르메스 상품을 싹쓸이하는 사람들이 바로 아랍 부호들이기 때문입니다. 고객들을 위해 디자인을 만들 수밖에 없는 거죠. 루이비통과 불가리 같은 브랜드들도 상표권 분쟁이 걸려 있습니다. 아라베스크 문양을 썼냐 아니냐를 두고 다투는 겁니다. 세계적인 명품 브랜드들이 현재 오리엔트풍으로 가고 있습니다.

개인적으로 유망한 진출 분야들을 소개하겠습니다. 연봉 1억씩 받을 수 있는 분야들입니다. 우리나라 여성들이 손이 부드럽고 서비스 마인드가 뛰어나기 때문에 인기가 좋습니다. 여성 경락사나 안마사, 네일 아티스트 같은 경우는 현재 필리핀이나 태국 사람들이 많이 들어와 있습니다만, 이미지가 그렇게 좋지는 않습니다. 정식으로 배워서 깔끔하게 서비스하는 한국 사람들을 굉장히 선호합니다.

간호사와 간호조무사도 인기가 좋습니다. 서울대병원이 아랍에미

세계적인 트렌드에 발맞춰 각광받고 있는 다양한 아라베스크 문양(왼쪽)
화려하고 정교한 아라베스크 문양의 카펫(오른쪽)

리트 왕립병원을 위탁 운영하게 되었습니다. 가톨릭 성모병원도 아부다비에 문을 열었고요. 한양대학교 병원과 연세 세브란스 병원도 준비하고 있습니다. 우리 병원들이 직접 갑니다. 이렇게 우리 병원들이 진출하면 자연스럽게 행정직과 기술직이 필요하겠죠? 많은 사람들이 따라가야 합니다.

드라마와 다큐멘터리 제작 노하우를 가지고 공동 제작하는 방법도 모색해 볼 필요가 있습니다. 그 사람들은 돈을 대고 우리는 노하우를 제공해서 새로운 콘텐츠들을 만들어 낼 수 있습니다. 이런 분야들이 앞으로 새롭게 주목받을 분야들입니다.

이슬람, 테러 그리고 석유

리비아와 시리아 난민 문제 다이제스트

서구와 이슬람 그리고 석유

알 카에다의 실체와 성장

대테러 전쟁의 시작

아랍 민주화와 리비아, 시리아 사태

IS와 테러 문제

석유의 발견

중동과 석유

카다피의 새로운 석유 정책

Islam

9·11 테러 이후 미국이 대테러 전쟁을 선포하면서 실질적인 테러는 10배 가까이 늘어났으며, IS와 같은 급진적인 테러 조직도 대폭 늘어났다. 계속되는 테러를 해결할 방안은 무엇일까? 그리고 정치, 경제, 문화 등 어느 것에도 빠질 수 없는 석유 문제도 짚어 본다.

Islam

오늘은 이슬람 원리주의와 테러 그리고 석유 문제를 간단하게 다뤄 보겠습니다. 석유 문제는 정말 재밌습니다. 석유만 가지고 한 학기 강의해 볼까 하는 생각도 있습니다.

석유는 유가 문제뿐만 아니라 정치, 경제, 문화, 부가 가져오는 타락, 걸프 전쟁, 록펠러와 카네기의 등장, 포드 자동차 그리고 항공 산업까지 살펴볼 수 있는 열쇠입니다. 이것이 모두 석유 전쟁의 부산물들입니다. 하지만 이번 시간에 모든 걸 다룰 수는 없고, 간단하게 살펴보는 수준으로 만족해야겠습니다.

리비아와 시리아 난민 문제 다이제스트

본격적인 강의에 들어가기 전에 리비아 난민선에 대한 국제적인 이슈를 잠깐 다루도록 하겠습니다. 2015년 4월 18일에 950명이 탄 리비아 난민선이 침몰해서 800여 명이 숨지는 사건이 벌어졌습니다. 한국 신문에도 이 문제가 집중적으로 보도됐습니다. 우리에게는 남 일 같지 않은 '세월호 트라우마'가 있죠. 그 영향이 참 큰 것 같습니다. 5년째 내전 중인 시리아 국제 난민도 이미 400만 명을 넘어섰다고 합니다. 시리아 인구가 2,300만 명이고 국내 난민까지 합한다면 거의 인구의 절반이 떠돌고 있다는 것인데 참으로 어처구니없는 일입니다.

UN 조사 결과를 보니 아프리카 및 중동 지역의 난민이 유럽으로 밀항하다가 지중해에서 죽은 숫자가 2011년에는 1,500명, 2012년에는 500명이라고 합니다. 난민 보호 단체에 따르면 1993년 이후 지중해에서 죽은 난민이 2만여 명에 이른다고 합니다. 이 지경이면 또 다른 인종 학살이 아닌가 싶습니다. 끔찍하죠. 현재 리비아에서 새로운 꿈을 찾아 유럽으로 가려는 난민 대기자만 50만 명에 달한다고 합니다.

왜 난민들이 리비아로 몰려들까요? 최근까지는 주로 모로코에서 출발했습니다. 모로코 탕헤르에서 맞은편 스페인 알헤시라스로 갔습니다. 지브롤터 해협을 건너는 거죠? 이곳은 아프리카에서 유럽으로 가는 가장 좁은 항로입니다. 그런데 모로코 해변을 두고 스페인의 해상 순찰이 강화되면서 밀입국이 거의 불가능하게 됐습니다. 그래서 새로운 루트로 리비아가 선택된 것입니다.

지브롤터 해협 다음으로 유럽에 갈 수 있는 최근접 거리가 리비아입니다. 트리폴리나 벵가지에서 출발하면 180km 지점에서 이탈리아의 자그마한 섬들에 도착할 수 있고, 200km까지 가면 제법 큰 섬인 람페두사에 닿을 수 있습니다. 뗏목을 타도 18시간이면 갈 수 있습니다. 그 정도면 물 한 모금 안 마셔도 눈 질끈 감고 견딜 만한 거리입니다. 그래서 생존 가능성이 높은 탈출구로 리비아를 선택하는 겁니다. 특히 리비아는 격렬한 내전으로 해안 경비 시스템이 완전히 붕괴된 상태입니다.

그런데 벼룩의 간을 빼먹는 사람들이 있죠? 이 난민들을 노예로 파는 세계적인 인신매매 집단이 리비아에 다 몰려와 있습니다. 참 비극이죠. 그 절박한 사람들의 목숨을 가지고 장사를 하는 겁니다. 문제는 다들 가까운 이탈리아로 몰려가는데, 다른 유럽에서는 안 받아 준다는 겁니다. 이탈리아만 지금 곤혹스런 입장에 있습니다.

리비아에서 전쟁은 누가 했나요? NATO가 했습니다. 미국은 직접 개입하지 않았습니다. 사실 이 사태의 1차 책임은 유럽 국가들에게 있습니다.

리비아는 무너져서는 안 될 나라였습니다. 전쟁을 해서도 안 될 나라였습니다. 리비아는 의료 복지가 잘 돼 있습니다. 돈 한 푼 안 내도 병원에서 다 치료해 줍니다. 교육 복지도 튼튼해 대학까지 무상 교육을 받을 수 있습니다. 빵 값을 통제해서 국민들을 굶겨 죽이지 않는 나라였습니다. 그런데 유럽은 독재자를 제거한다는 명분으로, 민주주의라는 이름을 내세워 군사 개입을 했지요. 그 결과가 어떻게 됐습니까? 그 잘 살던 사람들이 모두 난민이 되고, 모든 사회 인프라가 초토화되면서 지옥의 땅으로 변해 버렸습니다.

리비아는 외국인 노동자들을 수입하는 나라였습니다. 그런데 전 국민이 다른 나라로 도망가야 할 신세에 처해 있습니다. 그 책임을 누가 져야 하나요? 유럽이잖아요. 그런데 유럽은 리비아 사람들을 받아들이지 않겠다고 합니다. 이런 어처구니없는 일들이 벌어지고 있습니다.

시리아 내전도 따지고 보면 서구의 책임이 절대적입니다. 바샤르 아사드 시리아 정권은 가혹한 독재자이지만 시리아 내전은 처음부터 민주와 독재의 구도로 출발한 것이 아닙니다. 1982년 아버지 아사드 대통령이 반정부 봉기를 한 하마시 주민들 약 3만 명을 학살하자, 이에 대한 복수가 사태의 발단이 되었지요. 물론 아랍 민주화 바람을 탄 것은 맞지만 처음부터 무기고를 탈취하여 무장봉기로 출발했기 때문에 아무리 나쁜 지도자라 하더라도 자국 내에서 발생한 내란을 진압하는 것은 당연한 수순이겠지요. 이를 독재와 민주의 구도로 포장하여 아사드 정권을 몰아내기 위해 미국, EU, 터키, 아랍 왕정 국가들이 시리아 반군을 지원하면서 사태는 걷잡을 수 없이 확산되었습니다. 이제는 다시는 치유될 수 없는 서로 죽고 죽이는 살육만이 난무하고, 대혼란의 씨앗을 먹고 IS라는 반인륜적 테러 괴물 집단이 기승을 부리게 된 것이지요.

근본적인 대책은 뭘까요? 리비아와 시리아의 내전을 해결하는 수밖에 없습니다. 리비아 사람들이 자기 나라를 떠나지 않아도 되게끔 환경을 만들어 줘야 합니다. 시리아도 더 이상의 인명 피해를 막고 나라를 마지막까지 절단 내지 않기 위해서는 독재자라도 아사드를 우선 인정해 주어야 합니다. 미국과 러시아도 합심하여 국제 사회의 강력한 압력으로 점진적인 민주화와 개혁, 권력 분점과 반대 세력에 대한 포용을 종용하여 선거를 통해 정권 교체를 하는 중장기 전략 채택이 불가피해 보입니다.

나아가 전쟁 피해를 긴급하게 복구해 주고, 경제적인 지원을 확대해 줘야 합니다. 자신들 때문에 엉망진창이 된 나라를 떠나온 난민들을 대폭 수용해야 합니다. 전쟁과 아무 상관없이 이웃이라는 이유만으로 요르단과 터키가 각각 250만 명의 난민을 수용하고 있는 것과는 너무나 대조적이지요. 전쟁을 일으킨 사람들이 난민 수용 정도의 책임은 져야 하지 않겠습니까?

전쟁은 난민을 만들고, 난민은 한 국가의 문제가 아니라 지구촌 전체에 부담을 주는 공통의 부메랑이라고 인식해야 합니다. UN에서 결의안이 채택되면 우리나라도 수천 명을 받아들여야 할지 모릅니다. 이런 문제가 어떻게 한 국가만의 문제입니까?

서구와 이슬람 그리고 석유

서구와 이슬람 세계 사이에 갈등은 1,200년에 걸친 지배-피지배의 역사적 트라우마가 자리 잡고 있다는 건 6강에서 말씀드렸습니다. 중요한 문제이니 다시 복습해 보겠습니다.

711년에 아랍 군대가 지브롤터 해협을 건너 스페인을 정복하고, 732년에는 파리 교외 푸아티에까지 진격합니다. 1453년에는 콘스탄티노플이 오스만 제국에 함락되면서 이스탄불이 되고, 1683년에는 빈을 세 차례 공격합니다. 711년부터 1683년까지 거의 천 년간은 이슬람 세계가 서구를 지배했던 시대입니다. 이탈리아 남부와 프랑스 남부도 200년 이상 이슬람의 지배 아래 있었습니다.

이후 100년간 냉전 시기를 거친 뒤 전세가 역전되는 사건이 일어납니다. 바로 1798년 나폴레옹의 이집트 정벌입니다. 이로써 유럽이 이슬람을 지배하는 시대의 서막이 열립니다. 이때부터 200여 년간 모든 이슬람 세계가 서구의 지배를 받습니다. 그래서 1,200년에 걸친 역사적 트라우마를 이슬람과 서구가 가지고 있다고 말하는 겁니다. 이슬람 세계가 서구에 가지고 있는 반감의 정체이면서 서구가 이슬람 세계에 갖고 있는 지독한 편견의 역사적 배경입니다. 그 감정을 '이슬람

포비아Islamophobia'라고 부릅니다.

이런 과정을 거치며 이슬람 사람들의 영혼과 정서 속에 남아 있는 서구에 대한 인식이 뭘까요? 가장 강하게 남아 있는 정서는 '우리의 자산인 석유를 서구가 지난 60여 년 동안 불법적으로 탈취해서 그것을 토대로 자기네들은 잘 먹고 잘 살고 있다'라는 것입니다. 석유 이권을 탈취당했다는 피해 정서입니다. 여기에다 불을 붙인 것이 미국입니다. 미국이 이스라엘을 건국하는 데 도움을 줬을 뿐만 아니라 지금까지도 일방적인 친이스라엘 정책을 펼치고 있다는 겁니다.

물론 한 나라가 다른 한 나라를 일방적으로 지지하는 것 자체를 잘못됐다고 하기는 어렵습니다. 그러나 인류가 이것만은 지키자고 약속한 보편적 가치인 국제법, UN 안보리 결의안, 헬싱키선언, 유네스코 헌장 같은 것들을 헌신짝처럼 버리면서까지 전 세계 여론을 무시하고 한 나라를 일방적으로 지원하는 것이 부당하다고 생각하는 겁니다. 누구는 지켜야만 하고 누구는 지키지 않아도 전혀 문제가 없는 이중 잣대를 적용하는 걸 못 견뎌 하는 겁니다. 배가 고픈 건 참지만 배가 아픈 건 못 참는단 말이 있잖아요. 사람은 부당하다고 느낄 때 가장 큰 고통을 느끼지 않습니까? 이중 잣대에 대해서는 〈타임〉 지 2011년 10월 10일자 64쪽에 터키 대통령이 인터뷰한 내용으로 요약하겠습니다.

UN이 설립된 이후 이스라엘의 국제법 위반에 대한 89차례의 UN 안보리 제재 결의가 있었지만 단 한 번도 제대로 결행된 적이 없었다. 상대방인 아랍 국가들에 대해서는 그렇게 손쉽게 제재를 가하면서도. 만약 UN 안보리 결의안이 제대로 지켜지기만 했어도 팔레스타인과 이스라엘 분쟁은 오래전에 해결되었을 것이다.

그 결과가 앞서 배운 팔레스타인의 비극이고, 이 모든 것이 압축돼서 9·11 테러가 일어나게 됩니다. 이후 미국은 대테러 전쟁을 선언하면서 이라크와 아프가니스탄을 침공하죠. 그 과정에서 22만여 명의 민간인 희생자가 발생합니다.

아랍 사람들이 절대로 포기하지 않은 정서가 '복수(Intikam, 인티캄)' 문화입니다. 자기 가족이 희생됐을 때 반드시 복수해야 합니다. 이걸 하지 않으면 부족 구성원으로서 명예와 자존심과 존재 가치가 사라지는 겁니다. 또 피해를 당했을 때는 그에 상응하는 '보상(Diyah, 디야)'을 받아야 합니다. 이 두 가지가 이뤄지지 않았을 때 사람들의 정서는 굉장히 과격해집니다. 이런 것들이 결국 알 카에다와 IS 같은 급진적 테러 단체가 확산되는 정서적인 배경이 되는 겁니다.

알 카에다의 실체와 성장

알 카에다는 사실 미국이 키워 놓은 특수부대의 성격을 띱니다. 놀

랍죠? 1979년에 구소련이 아프가니스탄을 침공하자 미국은 수단과 방법을 가리지 않고 막아야 했습니다. 아프가니스탄이 뚫리면 인도양이 뚫리고, 인도양이 뚫리면 미국이 장악하고 있는 걸프 석유의 생명선이 위협당하는 절체절명의 위기를 맞게 됩니다. 그 상황은 미국이 상상할 수조차 없었겠죠?

그런데 미국이 직접 개입하면 제3차 세계대전이 일어납니다. 그래서 미국 CIA가 '사이클론 작전' 암호명으로 파키스탄, 사우디 등과 협력해 전 세계에서 모여든 무자헤딘(이슬람 전사)에게 재정 후원, 무기 제공, 군사훈련 등으로 지원한 것입니다. 그 자금은 주로 사우디 왕실에서 부담합니다. 연간 약 6억 달러(약 6,100억)가 모금되어 알 카에다로 흘러갑니다.

알 카에다는 사우디 왕실의 아프가니스탄 이익 대표부 성격으로 전폭적인 재정 후원을 받아 급성장합니다. 사우디 왕실에서 파견한 압둘라 유숩 아잠 알 아셈에 이어 오사마 빈 라덴이 책임자가 되면서 더욱 활성화됩니다.

오사마 빈 라덴은 왕실 하청업으로 급성장한 독립 가문의 최고 재벌가 출신입니다. 미국 텍사스에도 상당한 유전과 정유 시설을 가지고 있으며, 부시 행정부의 가장 큰 정치 후원 단체였습니다. 그 당시까지 하버드 대학교에 가장 많은 기부금을 냈던 곳이 빈 라덴 그룹이었습니다. 합법적일 뿐만 아니라 미국과도 좋은 관계를 맺고 있으면

'성스러운 이슬람 전사'를 뜻하는 아프가니스탄의 무장 게릴라 조직인 무자헤딘

서, 좋은 일도 많이 하고, 텍사스 기반 공화당 매파의 정치적 후원자이기도 하며, 사우디 왕실과는 밀접한 관계를 맺고 있는 재벌 그룹입니다.

오사마 빈 라덴은 그 집안의 셋째 아들이었습니다. 왕실의 보호 아래 아프가니스탄의 알 카에다 책임자로 파견돼 돈과 조직을 책임지게 됩니다. 전 세계 43개국에서 몰려든 무자헤딘 3만 5천 명을 지휘하면서 소련에 맞서 싸웁니다. 훈련과 무기와 전술은 미국 CIA의 도움을 받았습니다. 결론적으로 알 카에다와 사우디 왕실, 미국 행정부는 한패였습니다. 알 카에다의 활약으로 어쨌든 소련의 남하를 막아 냅니다. 상상해 보십시오. 얼마 되지 않는 무자헤딘 전사들이 냉전시대 최상국인 소련과 10년 동안 전쟁해서 물리친다는 게 말이 됩니까? 1, 2년도 아니고 10년입니다. 그게 가능한 일일까요?

우리나라 사람들은 이런 현상에 대해 의문을 잘 안 가집니다. 이런 사실을 알고 나니 당시 상황에 질문하지 않은 것이 오히려 이상하죠? 결론적으로 미국의 대리전쟁이었습니다. 어떻게 비정규 게릴라 부대가 세계 최강의 구소련 군대를 이겨 냅니까? 있을 수 없는 일입니다. 미국이 뒤를 든든히 받쳐 줬기 때문에 가능했던 겁니다.

그런데 이 관계가 언제 틀어질까요? 1990년 걸프 전쟁 때입니다. 1990년 8월 2일에 사담 후세인이 쿠웨이트를 공격하죠? 1991년 1월 15일에 미국이 이라크를 공습하면서 제1차 걸프 전쟁이 일어납니다.

당시 쿠웨이트는 사우디와 같은 왕가였습니다. 인척 관계입니다. 당연히 쿠웨이트를 지원하겠죠? 약 40억 달러의 군사 원조를 포함해서 대규모로 지원합니다.

그러자 사담 후세인이 화가 났습니다. 사우디와 이라크는 국경을 600km 마주보고 있습니다. 후세인이 사우디에 전화를 했습니다. 왜 내부 문제에 사우디가 나서서 쿠웨이트를 지원하느냐고 항의합니다. 사우디가 쿠웨이트에의 지원을 멈추지 않자 사담 후세인이 왕실 주변에 스커드 미사일 세 방을 쏩니다. 일부 파괴되기는 했습니다만, 사람이 죽지는 않았습니다. 이스라엘에도 몇 방 쐈습니다.

그 세 방에 사우디는 완전 패닉 상태에 빠졌습니다. 수천 년간 함께 살아온 형제 국가로부터 스커드 미사일 공격을 받았으니 오죽했겠습니까? 당시만 해도 사우디는 자체 방어 능력을 갖고 있지 못했습니다. 완전히 미국의 군사 보호 우산 아래 있었거든요. 그때 미국의 페리 국방 장관이 급히 와서 사우디 왕을 만나 설득합니다. 두 가지 조건을 들어주면 미국이 사우디 왕실을 지켜 주겠다고 약속합니다. 미국 군사기지 설치와 미군의 사우디 주둔을 허용해 줄 것을 요구합니다.

당시까지 미국은 중동의 막대한 석유 이익을 관장하고 있으면서도 중동 전체에 미군 기지 하나 갖지 못했습니다. 오키나와, 베트남, 독일, 키프로스 등 전 세계 곳곳에 미군 기지가 있습니다. 그러나 정작 미국의 국익에 가장 중요한 중동 지역에는 기지를 하나도 세우지 못했습니다. 왜 그랬을까요? 산유국 정부들은 미국과 좋은 관계를 맺고 있더라도 국민들이 지닌 태생적인 반서구, 반미 정서 때문에 미군 기지를 유치하면 왕권과 정권이 무너질 지경이 되는 겁니다. 미국 입장에선 이때가 절호의 기회였습니다.

그래서 중동 전문가들 중에 다수는 사담 후세인의 쿠웨이트 공격이 미국의 사전 시나리오라고 주장합니다. 단순 음모론이 아니라 학설 중 하나로 받아들여지고 있습니다. 기밀문서가 해제되는 데 50년이 걸리니까 2040년쯤이면 자세한 내막이 알려지겠죠? 이 주장은 사실일 가능성이 아주 높습니다.

위기에 처한 사우디 왕실은 미국의 제안을 거절할 형편이 아닙니다. 페리 국방 장관이 사우디 왕에게 이라크의 스커드 미사일 배치도를 보여 줍니다. 스커드 몇 호, 몇 호는 버튼 하나만 누르면 사우디 왕실에 떨어진다는 것을 걸 보여 줍니다. 이 정도면 꼼짝을 못하겠죠? 그래서 제2차 세계대전 이후 처음으로 사우디에 미군 군사 기지가 설치되고 미군 주둔이 현실화됩니다. 미국으로서는 정말 획기적인 성과였습니다.

이 소식을 듣고 오사마 빈 라덴이 사우디 왕실로 달려갑니다. 왕을 만났는지 외무 장관을 만났는지는 확인되지 않았지만, 어쨌든 왕실 최고위층을 만납니다.

어떻게 신성한 이슬람의 땅에 이교도인 미군을 주둔시킬 수 있는

가, 미국의 여자 군인에게 이 성스러운 땅을 보호해 달라고 맡긴다는 게 창피하지도 않느냐고 따져 묻습니다. 그리고 제안합니다. 알 카에다는 세계 최강이라는 소련 군대를 물리친 최정예 특수부대니 사담 후세인 정도는 충분히 막아 낼 수 있다. 그러니 미국의 제의를 물리치고 알 카에다가 사담 후세인에 맞서게 해 달라고 합니다.

그러나 사우디는 미국의 요청을 거절할 수 없었죠. 빈 라덴의 제안은 묵살됩니다. 미군 주둔은 허용되고 군사 시설이 가동됩니다. 이때부터 빈 라덴은 사우디를 배신자, 변절자라고 비난하면서 관계가 틀어집니다.

알 카에다는 사우디에 설치된 미국 군사 시설을 직접 공격하기 시작합니다. 리야드에 있던 미군 본부를 폭파하고 다란에 있던 미 공군 장병들을 살해합니다. 수백 명의 사상자가 발생합니다. 전 세계 미군 시설들로 직접 공격 범위를 넓혀 가며, 예멘 앞바다에 떠 있던 구축함 콜 호를 폭파합니다. 세상에 어떤 정규군이 미국 구축함을 폭파하겠습니까? 알 카에다 한 사람 한 사람이 그린베레(미국의 최정예 특수부대) 이상의 훈련을 받은 최정예 특수부대원들이기에 가능했습니다.

물론 사우디 왕실도 공격합니다. 이렇게 되니 사우디 왕실은 빈 라덴의 국적을 박탈하고 추방합니다. 죽이지는 못합니다. 추종자가 많을 뿐만 아니라 그때까지 같은 패로서 많은 비밀을 공유하던 사이 아닙니까? 조용히 입 다물고 살라는 취지에서 추방한 겁니다.

쫓겨난 빈 라덴은 아프리카 수단으로 갑니다. 수단에는 알 카에다의 최대 군수공장과 화학공장이 있었습니다. 그곳을 근거지로 미국을 직접 공격합니다. 1998년 8월 7일에는 케냐 나이로비와 탄자니아 다르에스살람의 미 대사관에서 트럭 폭탄테러 발생, 미국인 12명과 201명의 케냐인을 포함해 224명이 사망하는 대형 테러가 발생합니다.

미국도 가만히 있지 않겠죠? 수단을 직접 압박합니다. 빈 라덴은 견디다 못해 아프가니스탄으로 날아갑니다. 아프가니스탄 입장에서 빈 라덴은 어떤 사람입니까? 지난 10여 년 동안 구소련이라는 거대 적과 함께 싸웠던 역전의 용사이자 피를 나눈 동맹이잖아요. 그때 아프가니스탄에서 탈레반이 집권하고 있었습니다. 당연히 빈 라덴을 받아들입니다.

빈 라덴 입장에선 아프가니스탄에 갇혀 있으니 얼마나 화가 나겠습니까? 10년 넘게 같은 편으로 의기투합해서 대업을 이뤘는데, 이젠 적으로 삼고 죽이려고 하니 얼마나 억울했겠습니까? 그래서 아프가니스탄에서 캠프를 치고 9·11 테러라는 마스터플랜을 완성하는 겁니다.

1998년까지 미 국무부의 테러리스트 명단에 알 카에다는 없었습니다. 같은 편이라고 생각했으니까요. 그런데 1998년 알 카에다가 리스트에 이름을 올리면서 궤멸 대상이 됩니다.

9·11 테러를 두고 음모론이냐 아니냐 말이 많았습니다. 저는 음모

9 · 11 테러로 붕괴된 세계무역센터

론은 아니라고 봅니다. 알 카에다라면 충분히 그 정도의 테러를 일으킬 수 있는 역량과 전술을 지녔다고 생각하기 때문입니다. 미국 CIA가 직접 개입해서 양성하고 10년간 소련과 맞붙어서 이겨 낸 역전의 베테랑들 아닙니까? 자금도 어마어마하게 가지고 있었습니다.

대테러 전쟁의 시작

이 고리를 이해하면 뒷부분도 자연스럽게 이해가 됩니다. 9 · 11 테러 이후 미국 정부가 대테러 전쟁을 시작하지 않습니까? 정확하게 말하면 알 카에다와의 전쟁인데, 왜 이름을 그렇게 지었을까요? 알 카에다와 오사마 빈 라덴이 자기가 저지른 테러라고 세계에 공언했는데, 왜 알 카에다나 빈 라덴 섬멸 작전이라고 이름 짓지 않고 대테러 전쟁 War on Terrorism이라고 지었을까요?

알 카에다와의 전쟁을 전면에 내세우면 미국은 이길 가능성이 전혀 없습니다. 알 카에다 요원 한 사람 한 사람은 9 · 11 테러 정도의 작전을 수행할 수 있는 훈련을 받았습니다. 그들은 전 세계에 암세포처럼 퍼져 있기도 하죠. 상대를 특정할 수 있어야 전쟁을 벌일 텐데 다 지하로 들어가 버린 겁니다. 그 모든 요원을 색출해서 궤멸한다는 건 불가능합니다. 알 카에다와의 전쟁은 백전백패일 수밖에 없습니다.

그래서 미국은 자국의 이익에 반대하는 모든 무장 세력들을 겨냥해서 대테러 전쟁을 선포합니다. 하마스, 헤즈볼라, 이슬람 형제단이나 체첸 반군, 인도네시아의 자마 이슬라미아 같은 반미 무장 세력들을 궤멸시키겠다는 쪽으로 전선을 확대한 겁니다. 실제로는 알 카에다 제거가 목표였습니다.

대테러 전쟁이 시작된 지 14년이 흘렀습니다. 투입된 예산만 4조 3천억 달러에 달한다는 보고가 있습니다. 그러나 알 카에다는 여전히 건재합니다. 사건만 터지면 배후에 알 카에다가 있다고 하죠? 이 정도로 예산을 쏟아부었는데 여전히 건재하다면, 앞으로도 궤멸될 가능성이 희박하다고 봐야 합니다.

이런 배경과 태생이 있기 때문에 알 카에다를 함부로 봐선 안 됩니다. 미국을 너무나 잘 아는 조직입니다. 알 카에다 핵심 지도부는 대부분 엔지니어 출신들입니다. 빈 라덴도 엔지니어였습니다. 9·11 테러에 관련된 19명 중에 16명이 석사 학위 이상을 받은 첨단 지식인들입니다. 핵심 범인인 모함메드 아타는 이집트 출신으로 독일 함부르크 대학에서 기계공학 석사를 받은 사람입니다.

또 19명 중 15명이 사우디 국적입니다. 그중에 신학자들이나 세뇌당한 광신도들은 한 명도 없습니다. 다 정신이 제대로 박힌 엘리트들입니다. 그런데 미국이 사우디는 털끝 하나 안 건드리고 보호해 줍니다. 대신 9·11 테러와 아무 상관없는 아프가니스탄을 공격합니다. 오사마 빈 라덴을 보호해 준다는 이유만으로 전쟁을 일으킨 겁니다.

미국 노스 플로리다 대학의 파르베즈 아흐메드 교수가 대테러 전쟁

아프가니스탄을 공격하는 미군

이후 14년간의 성과를 분석한 자료가 있습니다. 4조 3천억 달러라는 천문학적 예산이 소요됐고, 미군은 6,800명이 사망하고 97만 명이 부상당했습니다. 그런데 그동안 중동에서는 민간인 22만 명이 죽고 무려 530만 명에 달하는 전쟁 난민이 발생했습니다.

GTD(글로벌 테러 자료센터)에 따르면 1970년부터 2003년까지 43년 동안 2,437개에 달하는 테러 조직들이 약 12만 5천 건의 테러를 일으켰다고 하는데요, 그중 절반 이상이 테러와의 전쟁이 시작된 2002년 이후에 발생했다고 합니다. 미국의 싱크 탱크인 랜드 연구소도 자료를 발표했는데요, 1991년에 불과 7개였던 이슬람 급진 테러 조직이 2001년에는 20개가 되고, 2013년에는 49개로 대폭 늘어났습니다.

조직이 늘었으니 테러 요원들도 늘어나겠죠? 유럽 국적을 가진 전사 3천 명을 포함해 10만 명 이상으로 추산하고 있습니다. 2007년에 100건 정도에 불과했던 알 카에다 연계 조직들의 테러 횟수는 2013년에 900건으로 9배 이상 늘었습니다. IS는 수많은 테러 조직 중 최근 새롭게 부상한 하나의 조직일 뿐입니다. 결론적으로 테러와의 전쟁이 시작된 이후 실질적인 테러는 그 이전보다 9배 내지 10배 가까이 늘어났습니다. 조직원 수나 테러 발생 빈도, 그들의 활동이 인류 사회에 미치는 영향 면에서 다 그렇게 늘었습니다.

그럼 어떻게 해야 할까요? 이쯤 되면 지금까지 해 왔던 대테러 정책을 전면 재검토해야 하지 않을까요? IS는 궤멸될 수 있습니다. 그러나 문제는 IS가 제거되는 순간 IS와 유사한, 또는 더 급진적인 테러 조직이 생겨날 수밖에 없는 구조를 가지고 있다는 것입니다. 서글프죠?

그 출발은 석유 자원을 탈취당한 박탈감과 이스라엘에 대한 이중 잣대, 팔레스타인의 비극들입니다. 그 응어리들이 치유되지 못하고 곪아 터져서 오늘날 알 카에다나 IS 같은 급진적인 테러 조직으로 자라난 겁니다.

따라서 근본적인 응어리에 대한 진정성 있는 조치 없이 오로지 군사력에 의존한 문제 해결 방식에 의존한다면, 테러를 없애기는커녕 더 큰 응어리와 더 강력한 테러를 부르는 악순환 구조에 빠질 수밖에 없습니다.

아랍 민주화와 리비아, 시리아 사태

중동은 크게 북방 벨트와 남방 벨트로 나눌 수 있습니다. 북방 벨트는 아프가니스탄, 이란, 이라크, 시리아, 레바논으로 이어지는 지역이고요, 대체로 반미 성향이 강합니다. 미국 입장에선 못된 나라들이 여기 다 있습니다. 그래서 반미 벨트라고도 부르고, 시아파가 많이 있어서 시아파 벨트라고도 부릅니다.

남방 벨트는 알제리, 튀니지, 리비아, 이집트, 사우디, 예멘, 오만으로 이어집니다. 이 지역에는 친미 정권 국가들이 많아서 친미 벨트라고 부르고, 수니파들이라 수니파 벨트라고도 부릅니다.

아랍 민주화 시위는 100% 친미 남방 벨트에서만 일어났습니다. 미국은 석유라는 이익을 지키려고 권위주의 군사 독재 정권들을 경제적으로 지원하고 군사력도 원조했습니다. 자기네 국익 극대화를 위해 이 같은 파행적 정치 체제를 양산해 왔던 거죠. 물론 미국만의 책임이라고 볼 순 없겠죠. 그 체제를 깨트리지 못한 내부 국민들의 책임도 있겠죠.

튀니지, 알제리, 이집트, 예멘 등 미국에 협조하던 독재 정권들이 아랍 민주화 시위로 깨지면서 정권이 하나둘씩 무너지고 있습니다. 그런데 그 과정에서 무너지지 않아야 할 나라까지 서방이 손을 댑니다. 무너져야 할 나라에는 손대지 않고, 무너지지 말아야 할 나라에는 손을 댄 겁니다.

이집트는 무너져야 할 나라입니다. 국민들이 처음으로 민선 대통령을 뽑았는데 군부가 하루아침에 쿠데타를 일으켜서 감옥에 갇힌 무바라크를 무죄 방면하잖아요. 전직 대통령 무르시와 함께 이슬람 형제단 480여 명이 사형 선고를 받았습니다. 국민이 뽑았던 정부를 쿠데타 세력이 내란선동 혐의를 씌워서 다시 죽이려고 하는 겁니다.

이런 나라가 어디 있나요? 그런데 미국의 공식 입장이 뭔지 아십니까? 이집트의 케이스는 쿠데타가 아니랍니다. 이것보다 더 분명한 쿠데타가 없는데 미국은 모르쇠로 일관합니다. 미국이 왜 그랬을까요?

미국 헌법에 따르면 쿠데타를 일으킨 정부와는 협력해서도 안 되고, 군사 및 경제 원조도 못하게 돼 있습니다. 미국이 쿠데타라고 인

무르시 전 대통령을 지지하며 거리를 점령한 이집트 시위대

정하는 순간 모든 관계를 단절해야 합니다. 그러나 현재 미국은 이집트 군사 정부와 협력하지 않고서는 중동 정책을 펼칠 수가 없습니다. 그래서 명백한 쿠데타인데도 아니라고 부정하는 겁니다. 이런 모습들이 세상 사람들을 좌절하게 하고 분노하게 하고 모멸감을 느끼게 합니다. 이런 정서 속에서 극단적인 저항감이 싹트게 되는 거죠.

반면 리비아는 건드리지 말아야 할 나라였습니다. 리비아 벵가지에서 일어났던 반정부 시위는 이집트, 예멘, 튀니지에서 일어났던 시위와는 완전히 달랐습니다. 다른 나라들에서 일어난 시위는 독재 대 민주의 시위가 맞습니다. 모두 비무장 시민 항쟁으로 시작합니다. 이집트에서는 2,800명이 탱크에 몸을 바치며 죽어 갔지만, 끝까지 비무장 투쟁을 했기 때문에 군부도 흔들린 겁니다. 바로 자기 형제들이고 가족들 아닙니까? 그래서 군인들이 못 쏘겠다고 포기하고 돌아서서 혁명이 성공합니다. 예멘도 마찬가지고, 튀니지도 마찬가지였습니다.

그런데 리비아는 처음부터 무장 투쟁으로 출발합니다. 벵가지의 시위대가 무기고를 습격하고 바로 무장 투쟁에 돌입합니다. 첫날만 비무장이었고, 이튿날부터 무장을 합니다. 그래서 카다피는 이 시위를 내란으로 봤습니다. 군대를 보내 무장 세력들을 공격했습니다. 좋은 지도자든 나쁜 지도자든 지구상 어떤 지도자가 나라의 무기고를 탈취해 무장봉기하는 세력을 그냥 내버려 둘까요? 이건 좋은 지도자냐 나쁜 지도자냐를 따지는 문제가 아닙니다.

이걸 서구 언론이 자국민을 학살하는 잔혹한 독재자로 묘사합니다. 우리 언론들도 이 내용을 그대로 받아 덩달아 춤을 췄습니다.

42년 동안 리비아를 장기 집권했던 카다피

물론 카다피를 좋은 지도자라고 할 수 없습니다. 독재자 맞습니다. 그러나 리비아의 상황은 튀니지나 이집트, 예멘의 민주화 시위와는 완전히 달랐습니다. 그런데 서방 세계는 다른 나라의 민주화 시위 구도에 리비아를 집어넣어 자국민을 학살하는 독재자의 만행으로 비춥니다. 그러면서 인류 사회가 침묵해선 안 된다며 NATO가 개입해 카다피를 무너뜨리잖아요.

그럼 왜 다른 나라에는 개입하지 않나요? 튀니지, 이집트, 예멘에서는 석유가 안 나옵니다. 건드려 봐야 나올 게 없습니다. 하지만 리비아는 중요한 산유국입니다. 바로 석유 이익을 보호하려고 개입한 겁니다. 그 결과가 어떻게 됐나요? 강의 시작 때 말씀드린 것처럼 전 국민이 난민이 되어 버렸습니다.

또 한 가지가 더 있습니다. 이른바 리비아에서 봉기한 야권 세력은 몇 달 전만 해도 독재 정권에 빌붙어서 야합하던 인물들이 주축을 이루고 있습니다. 현재 국가과도위원회의 의장을 맡고 있는 무스타파 압둘 잘릴이 얼마 전까지 카다피 정부의 법무 장관으로서 온갖 고문과 학살을 주도한 장본인입니다. 위원회 수상을 지낸 마흐무드 지브릴은 카다피 시절 국가개혁위원회 장관이었습니다. 상황이 바뀌니까 배를 갈아타고 반대편에 붙은 거죠. 사람들 보기에 어떻겠어요?

버마의 아웅산 수치나 남아프리카의 넬슨 만델라, 우리나라의 김대중 전 대통령같이 평생 민주화에 헌신한 선명한 야권 지도자를 중심으로 형성된 세력이 아닙니다. 카다피를 배신한 사람들이 옮겨 와서 야권을 형성했으니 국민들 눈으로 보면 카다피보다 더 나쁜 사람입니다.

아랍인의 의리와 명예와 자존심을 아시잖아요. 엊그저께 국민을 잡아다가 고문하던 사람이 어느 날 갑자기 야권 지도자가 됐으니 어떻게 보이겠습니까? 또 카다피를 지지했던 세력 입장은 어떨까요? 그런 변절자들이 야권이란 이름으로 정권을 잡고 정국을 주도하는 모습을 법적으로나 도덕적으로 용납할 수 있겠습니까? 이런 상황이니 내전이 그치지 않는 겁니다.

시리아도 민주화 투쟁과는 거리가 멉니다. 서구 언론이 그렇게 선악 구도로 만들어 버렸지요. 과거의 학살에 대한 기다려 온 복수심이

시리아 내전으로 혼란에 빠진 국민들

민주화 시위로 기회를 얻자 바로 무장투쟁으로 연결된 것입니다. 독재자 아사드 정권을 몰아내자는 민주주의 구호는 사실 화려한 미사여구입니다. 그래서 시리아는 처음부터 내전이었습니다. 특히 국제사회가 개입하면서 국제 대리전쟁의 양상으로 변질되어 버렸습니다.

이란, 이라크, 레바논, 러시아, 중국이 아사드 정권을 지지하고, 미국, EU, 터키, 사우디, 카타르가 반군을 지지하면서 국제전으로 치닫고 있습니다. 중국에는 시리아의 자원 개발과 관련된 이권이 걸려 있고요, 러시아에는 부동항 문제가 걸려 있습니다.

부동항은 러시아의 숙원 사업이잖아요. 특히 지중해 쪽에 교두보를 만들고 싶었는데 오스만 튀르크 때문에 꿈을 못 이뤘습니다. 그러다 보니 북해를 뚫기 위해 스웨덴과 전쟁을 해서 상트페테르부르크를 조차하고 시베리아 횡단 열차를 놓아 동쪽 끝 블라디보스토크를 통해 태평양에 진출합니다.

그런데 시리아가 사회주의 노선을 걸으면서 러시아가 시리아 항구 타르투스에 항공모함 기지 하나를 조차했습니다. 러시아 역사상 처음으로 확보한 지중해 기지입니다. 이걸 뺏기고 싶겠습니까? 절대로 안 되겠죠? 러시아 입장에선 아사드 정권이 무너져서는 안 됩니다. 이란, 이라크, 레바논 등은 시아파 나라이기 때문에 같은 시아파인 아사드 정권을 지원합니다.

시리아에서는 현재 6년째 내전이 진행되고 있습니다. 민간인 희생자만 20여만 명, 난민이 천만 명에 달합니다. 500만 명이 국내 난민이고, 250만 명이 요르단, 250만 명은 터키, 나머지 100만은 리비아를 통해 유럽으로 탈출하려고 애쓰고 있습니다. 시리아 인구가 2,300만 명 정도 되는데, 절반이 난민입니다. 한두 세대에 회복될 수준을 넘어섰습니다. 비극이죠.

시리아에는 다마스쿠스, 알레포, 크락 데 슈발리에, 팔미라 같은 찬란한 문화유산이 있습니다만, 상당수가 파괴됐습니다. 메소포타미아 문명 이후 고대 문명이 발굴될 수 있는 가장 유력한 지역이 시리아입니다. 이런 인류의 자산이 내전으로 초토화되고 있습니다. 정말 안타깝죠. 하지만 사람이 죽어 나가고 있는데, 문화유산 이야기는 못 합니다. 속으로만 앓고 있는 거죠. 장기적으로 보면 인류 전체에 얼마나 큰 손해입니까?

미국과 서구는 아사드 정권 퇴진을 전제로 한 평화협정을 추진하고 있으니 아사드 정권이 강력하게 반발하겠죠? 더구나 반군 세력들도 난립하면서 이해관계가 상충하고 통일성이 결여되어 있습니다. 또 외부로부터 끊임없이 무기와 물자가 공급되고 있기 때문에 내전이 더욱 격화되고 장기화되고 있습니다.

사실 아사드 정권이 무너져도 문제입니다. 아사드가 물러났다고 해서 친미 정권이 들어설 가능성이 거의 없습니다. IS 같은 강력한 이슬람 원리주의 정권이 들어설 가능성이 훨씬 높습니다. 이게 바로 미국이 안고 있는 딜레마 중 가장 큰 딜레마입니다. 대안이 안 보이니 미국은 발을 빼고 있습니다.

요르단에 위치한 시리아 난민 캠프

현재까지 나온 가장 유력한 해결 방안은 아사드가 퇴진하고 구세력은 수용해서 반군과 평화협상을 하는 것입니다. UN의 생각이기도 합니다. 하지만 잘 안 되겠죠?

제 생각은 아사드 정권을 인정해 주자는 겁니다. 그게 유일한 대안이고, 더 이상의 희생을 막는 방법입니다. 아사드 정권을 인정하되 반군과의 협상을 통해 일정한 권력을 나눠 줘야 합니다. 그러다가 어느 시점에 선거를 통해 민주적인 의회를 구성하게 하고, 아사드 정권은 그때 국민에게 평가받도록 하는 게 그나마 현실적인 대안이 아닐까 합니다.

시리아 사람들은 한국이 이런 상황을 풀어 나가는 데 주도적인 역할을 해 줄 것을 기대하고 있습니다. 중동에서 한국 이미지는 참 좋습니다. 이런 분위기에서 말만 선진국, G20이라고 떠들 게 아니라 그 이름에 걸맞은 역할을 국제 사회에서 해야 합니다. 시리아도 우리를 좋아하고, 미국과도 좋은 관계를 유지하고 있고, EU와도 사이가 좋잖아요. 이때 우리가 역할을 잘해 놓으면 장기적으로 중동 지역에서 경제적 열매를 더 많이 수확할 수 있습니다. 국익에도 도움이 되는 거죠.

IS와 테러 문제

IS는 1강에서도 이야기했기 때문에 짧게 지나가겠습니다. 9·11 테러 이후 미국이 아무 상관없는 이라크와 아프가니스탄을 공격했지만 결국 실패했다는 건 아시죠? 카스피 해 석유와 걸프 석유를 연결하는 유일한 나라가 이란인데, 오랫동안 반미 기조를 유지했기 때문에 우회가 필요했습니다. 그래서 이라크와 아프가니스탄을 공격한 것입니다.

두 가지 루트가 다 실패하자 미국은 하는 수 없이 이란과 화해할 수밖에 없는 구도가 됐습니다. 미국과 이란 간의 화해 분위기는 이런 맥락에서 비롯된 것입니다. 사실 미국은 IS에 크게 관심이 없습니다. 절체절명의 과제가 이란이기 때문입니다.

미국과 이란이 화해하면서 IS 문제가 새로운 국면에 돌입하게 됩니다. 지금 중동에서 IS에 가장 적대적인 세력이 누굴까요? 바로 이란입니다. 나머지 중동 나라들은 IS와 직간접으로 이해관계가 얽혀 있기 때문에 IS를 궤멸하는 데 그 누구도 앞장서지 않습니다. 의지도 없고, 실익도 없고, 명분도 없습니다.

시리아와의 관계는 어떤가요? 아사드를 무너뜨리려고 서방과 수니파 나라들이 반군을 지원했는데, IS가 반군에서 떨어져 나오면서 반군과 경쟁 관계가 되어 버렸습니다. IS가 존재하는 게 아사드 정권 유지에 유리합니다. 터키의 목적도 아사드 정권 붕괴이기 때문에 가장 적대적인 세력인 IS를 굳이 궤멸할 이유가 없습니다.

IS 핵심에는 사우디 출신들이 많습니다. 왕실 사람들도 음으로, 양으로 다 연결돼 있습니다. 사우디가 너무 강력하게 IS를 공격하면 국내 여론이 나빠집니다. 그래서 흉내만 내고 있습니다. 미국도 실익이 별로 없는 국제 분쟁에 개입하고 싶지 않습니다. 이라크는 실질적인 위협을 받고 있습니다. 제일 급하죠? 그런데 이란과 같이 시아파입니다.

지금 현재 IS를 가장 싫어하면서 강력하게 응징할 수 있는 실력을 갖춘 나라는 이란밖에 없습니다. 물론 이란이 공격하기 시작하면 아랍 국가들이 가만 있지 않겠죠? 하지만 이란과 미국 사이가 좋아지고, 그 분위기 속에서 이란이 IS를 궤멸하면 아랍의 반발을 누그러뜨릴 수 있습니다. 따라서 미국과 이란의 핵 협상 타결과 화해 분위기는 IS 문제를 해결하는 중요한 첫 단추가 될 수 있습니다.

IS 문제가 해결되면 시리아 내전도 실마리를 찾게 되고, 중동 전체가 지금의 혼란에서 약간은 벗어날 수 있는 기회가 생길 겁니다. 그만큼 이란이 중요한 역할을 할 수 있습니다. 앞으로 IS와 이란의 관계를 예의 주시할 필요가 있습니다. 이란과 미국의 핵 협상 타결은 우리에게도 청신호입니다. 제2 중동 붐도 이란이 열렸을 때 가능한 일입니다. 현재 이라크에 한화를 중심으로 한 우리 기업들이 1조 이상의 공사를 벌여 놓고 있는데, IS 때문에 위기에 처해 있습니다.

IS는 알 카에다의 이라크 지부로 출발했습니다. 2004년 김선일 씨를 납치 살해했던 단체가 모체입니다. 핵심 세력은 사담 후세인의 잔당들입니다. 시리아 내전에서 반군으로 받아들여졌다가 그 안에서 성장한 뒤 반군에서 탈퇴해 독자적인 노선을 걷고 있습니다.

독특한 전략을 구사한다고 말씀드렸죠? 은행을 탈취해 현금과 금을 확보하고, 교도소를 습격해 죄수들을 전사로 받아들이고, 유전을 밀매하고, 외국인 인질을 잡아 비즈니스를 해서 떼돈을 벌어들였습니다. 그 돈으로 SNS를 통해 홍보 전략을 펼쳐 유럽 및 전 세계의 젊은이들을 유혹하고 있습니다. 약 3,500여 명의 유럽 청년들이 들어가 있고, 8명은 일본 청년입니다. 우리나라에선 김 군 1명이 들어가 있습니다.

이 같은 테러 문제를 어떻게 바라보고 해결해야 할까요? 반인륜적이고 반사회적인 테러 조직에 대한 동정이나 지원은 있을 수 없습니다. 결코 용납될 수도 없습니다. 우리는 국제 사회의 일원으로 반인륜적 집단을 궤멸하는 데 당연히 동참해야 합니다. 그러나 동시에 테러가 생겨날 수밖에 없었던 원인을 이해하고, 토양에 대한 치유를 해 나가지 않는다면 테러는 줄어들지 않고 오히려 확산될 것입니다. 따라서 전쟁 피해자와 난민들을 위한 인도적인 지원을 아껴서는 안 됩니다. 테러 집단에 대한 응징과 전쟁 피해자와 난민들에 대한 인도적 지원이 '쌍방향'으로 병행돼야 합니다.

또한 누구에게는 적용되고 누구에게는 적용되지 않는 이중 잣대로는 테러 조직을 억누를 수 없습니다. 공정한 국제 기준을 누구나 공평하게 따르도록 만들어야 합니다. 국제법 위반 행위에 대해서는 그에 상응하는 제재가 누구에게나 공평하게 가해져야 합니다. 언제까지 이스라엘만 예외로 두둔할 것입니까? 이를 누가 수긍하겠습니까? 이것이 테러 조직들의 가장 큰 반발 요인임을 잊어서는 안 됩니다. 국제법과 헬싱키선언, 헤이그 국제사법재판소의 결정 같은 인류 보편적인 결정은 누구라도 따르고 존중해야 합니다. 법 앞에서는 강대국과 약소국이 따로 존재하지 않는다는 원칙이 지켜져야 합니다.

그리고 이슬람을 바라볼 때 종교적인 도그마가 아닌 문화적인 협력 파트너로 접근하는 인식의 전환이 필요합니다. 종교적 도그마는 모든 현상을 선악 구도로 바라보는 경향이 있습니다. 자기는 선이고 타자는 악으로 봅니다. 특히 일신교는 더하잖아요. 지금까지 우리가 이슬람 세계를 바라볼 때 종교적 도그마로 보는 경향이 강했습니다. 도그마로 보면 자기와 맞지 않은 사람은 너무 쉽게 상종할 수 없는 존재가 됩니다. 사탄, 악의 축으로까지 묘사되지 않았습니까? 종교를 너무 부각시켜서 그렇습니다.

문화는 선악이 아닙니다. 옳고 그름이 아니라 같고 다름의 문제잖아요. 같은 세상에서 같은 공기를 호흡하며 살아가는 친근한 이웃으로 바라볼 필요가 있습니다. 서구가 만들어 놓은 이슬람포비아에서도 이제는 좀 벗어나야 합니다. 이런 노력이 뒷받침돼야 다문화 사회로 이행하고 있는 우리나라의 이슬람 이주민에 대해서도 정당한 대책과 정책 기조를 세울 수 있습니다. 우리나라는 다문화 사회를 피할 수 없습니다. 초고령 사회, 저출산 사회 분위기 속에서 우리 사회가 역동성

역청
당시 조각을 할 때 하나의 돌로 조각하는 경우 외에도 팔다리를 따로 조각해서 붙이는 경우가 많았는데, 지진 등에 대비하려면 정교하게 조각해서 끼우는 것으로는 부족했다. 이때 접착제로 역청을 사용했다.

을 가지려면 이주민들이 필요합니다. 선택의 문제가 아니라 필연적인 결과입니다. 그렇다면 어떤 다문화 사회를 지향할 것인가를 고민해야 합니다.

석유의 발견

이제 석유 이야기를 해 봅시다. 석유는 언제부터 썼을까요? 역사를 공부해 보니까 고대부터 석유를 썼더라고요. 수메르나 인더스 문명 때 신전 벽에 타일을 붙입니다. 그때 접착제로 아스팔트, 즉 역청을 사용했습니다. 역청이 끈적끈적하잖아요. 접착제로 안성맞춤이었습니다. 또 티그리스와 유프라테스 강이 범람할 때를 대비해 건물 방수용 타일을 붙이는 데도 역청이 사용되었습니다.

석유라는 말은 '바위틈에서 스며 나오는 기름'이라는 뜻입니다. 한자로 돌 석石 자에 기름 유油 자 아닙니까? 영어로도 마찬가지입니다. Petroleum이라고 쓰는데요, Petra가 바위, oleum이 기름입니다. 바위 기름이란 뜻이죠. 인류가 처음 석유를 발견한 것이 바위틈이었습니다. 거기서 흘러나오는 기름을 활용한 것입니다.

석유가 제일 먼저 발견된 곳이 어딜까요? 중동이 아닙니다. 미국입니다. 1859년 펜실베이니아 타이터스빌에서 처음으로 석유가 시추됩니다. 한 농부가 지하수를 얻으려고 땅을 파던 중 20m 정도 되는 지점에서 검은 석유가 뿜어져 나왔습니다. 이 석유를 등유로 만들어서 조명으로 쓰기 시작합니다. 이때는 미국의 골드러시가 막 사그라지기 시작할 때였습니다. 당시 대안을 찾던 투자자들이 타이터스빌에서 석유가 난다는 소식을 듣고 몰려들기 시작합니다. 이른바 오일러시 시대가 열린 겁니다. 당시 배럴당 20달러 수준으로 꽤 수익이 높았습니다.

갑자기 사람들이 몰려들면서 여기저기 파기 시작하니까 순식간에 정유 회사가 수백 개로 늘어납니다. 타이터스빌에서 처음 석유가 발견된 지 10년이 채 안 된 시점에 시추 및 정유 회사가 350개가 넘었고, 경쟁이 치열해지자 유가도 배럴당 20달러에서 2달러까지 추락합니다. 어떻게 되겠어요? 모든 회사가 도산합니다.

이때 돈 냄새를 제대로 맡은 탁월한 천재가 등장하죠. 바로 록펠러입니다. 3천 달러 정도의 유산을 가지고 있던 록펠러는 앞으로 석유 시대가 열릴 거라고 판단하고, 도산한 회사들을 하나하나 인수하기 시작합니다. 모조리 인수한 다음에는 생산량을 통제합니다. 다시 배럴당 20달러 수준까지 올리고, 그 가격을 유지할 수 있을 만큼의 생산만 합니다.

록펠러가 떼돈을 벌게 된 계기입니다. 석유 독과점이 1938년에 깨지니까 1870년부터 무려 68년간 록펠러의 시대였습니다. 한창 전성기 때는 세계 석유의 92%까지 장악했습니다. 록펠러 자서전에 보면 100달러짜리 지폐가 하늘을 뒤덮으며 30년 동안 매일 떨어졌다고 표

한때 세계 석유의 92%를 장악했던 록펠러

현합니다.

당시 록펠러의 라이벌이 철강왕 카네기였습니다. 미국의 경제를 양분하고 있었죠. 그런데 록펠러가 카네기를 이길 수 있는 은인 한 사람을 만납니다. 바로 포드입니다. 두 사람은 친구가 됐습니다. 그때까지만 해도 자동차 연료는 석탄이었습니다. 두 사람이 의기투합해서 휘발유 엔진을 만들어 냅니다. 휘발유로 가는 자동차 시대가 이때 열리는 거죠.

록펠러와 포드는 정말 기가 막힌 시대적 조합이었습니다. 1903년에 포드가 포드 자동차 회사를 설립하고, 라이트 형제가 12마력의 휘발유 엔진에 프로펠러를 장착한 항공기로 비행에 성공함으로써 본격적인 휘발유 시대가 열립니다.

록펠러가 수십 년간 석유 시장을 독점할 당시 운영한 회사가 스탠다드 오일 컴퍼니Standard Oil Company였습니다. 전 세계 석유의 품질을 균등하게 한다는 게 회사 이름에 반영돼 있죠? 소비자들에게 엄청난 신뢰를 주며 시장을 휘어잡았던 최고의 슬로건이었습니다.

그런데 1938년에 미국에서 독과점 금지법이 발효됩니다. 이 법은 록펠러 회사를 쪼개기 위한 목적으로 제정한 연방법이었습니다. 왜냐하면 미국 경제를 록펠러가 다 쥐고 흔드니

1896년에 발행된 스탠다드 오일 컴퍼니 기업 신뢰 인증서

까 대통령도 록펠러의 협조를 못 받으면 안 될 정도가 됐기 때문입니다. 이 법안은 미국 행정부가 록펠러와 힘겨루기를 해서 승리한 결과물이라고 평가할 수 있습니다. 뒤집어 이야기하면 이 법이 만들어지기 전까지 68년 동안은 록펠러가 미국의 실질적인 대통령 역할을 했다고 말해도 크게 틀리지 않은 것이죠.

이 법이 발효되면서 록펠러 회사는 10개 이상으로 쪼개집니다. 스탠다드 오일 컴퍼니 뉴저지가 지금의 엑슨Exxon이 되고, 스탠다드 오일 컴퍼니 캘리포니아가 소칼SOCAL이 되는 식입니다. 그런데도 지금의 세계 10대 재벌 중에는 이때 쪼개진 회사 7개가 포진되어 있습니다. 엑손은 1978년 매출이 우리나라 GDP의 2배 규모였습니다. 록펠러가 이룬 부가 얼마나 어마어마한지 아시겠죠?

1901년에 텍사스에서도 유전이 발견됩니다. 필라델피아 중심의 록펠러 아성이 위협을 받게 생겼습니다. 록펠러가 가만히 당하고만 있

었겠습니까? 텍사스 유전과도 결탁합니다. 당시 텍사스 유전 회사는 텍사코TEXACO였습니다. 스탠다드 오일 오브 캘리포니아의 소칼에서 CAL을 따오고, 텍사코의 TEX를 따와서 합병한 회사가 칼텍스CALTEX입니다. 1936년 일입니다. 세계적인 판매 네트워크를 가지고 있는 소칼과 새로운 석유 생산 강자로 떠오른 텍사코가 힘을 합친 거죠. 참고로 우리나라에서는 1935년 일제 시대 때 만들어진 조선석유주식회사가 최초의 정유 사업체입니다.

중동과 석유

이에 비하면 중동에서는 비교적 늦은 시점인 1908년, 지금의 이라크 북부 슐레마니에에서 석유가 처음 발견됩니다. 당시는 영국이 중동을 지배하고 있었습니다. 이라크의 영국 총독이 슐레마니에 부족장에게 금덩어리 하나를 가지고 가서 희한한 제안을 합니다.

"이 지역에서 시커먼 악마 덩어리가 솟아나고 있다. 농토도 못 쓰게 하고 오아시스도 오염시키지 않느냐. 우리가 효과적으로 관리해 주겠다."

이렇게 제안하면서 99년짜리 계약을 합니다. 오사마 빈 라덴의 연설문에 이 내용이 상세하게 나옵니다.

이때를 기점으로 유럽이 중동 석유에 본격적으로 관여하기 시작합니다. 1908년이면 포드가 휘발유 엔진을 개발한 뒤였기 때문에 석유가 돈이 된다는 것을 유럽 사람들은 다 알고 있었습니다. 하지만 석유 자원이 없었던 유럽은 미국의 독점만 바라보고 뒤처져 있었습니다. 그런데 중동에서 미국보다 훨씬 많은 석유가 나온다는 사실을 알게 됩니다. 게다가 중동에서는 1~2m만 파도 석유가 나옵니다. 생산에 드는 비용이 미국과 비교가 안 되게 저렴한 겁니다. 지금도 텍사스 유전을 발굴하지 않은 이유는 비용이 안 맞기 때문입니다.

이렇게 중동의 석유를 유럽이 장악하면서 다시금 유럽 시대가 열립니다. 문제는 1900년대 초부터 1970년까지 배럴당 원유가가 2~3달러 수준에 불과했다는 겁니다.

여기서 잠깐, 서양 사람들이 석유의 양을 잴 때 왜 '배럴'이란 단위를 썼을까요? 기가 막힌 방법이었습니다. 1배럴이 얼마 정도인지 사람들이 잘 모르기 때문입니다. 1배럴에 2달러라고 하면 비싼 건지 싼 건지 모르잖아요. 1배럴이 약 160L 정도 됩니다. 160L에 2달러니까 리터당 얼맙니까? 0.6센트입니다. 나라마다 조금씩 다르긴 합니다만, 최종 소비자는 보통 1L에 1달러 정도 구매합니다. 생산 원가 대비 최종 소비자 가격이 200배가 되는 제품이 세상에 있나요? 유럽이 중동을 지배하면서 이 장사를 70년간 해먹습니다.

이 기간에 서구는 헐값에 원유를 가져다가 엄청난 이윤을 남기며 선진 공업 국가로 발돋움했습니다. 선진 공업이 뭡니까? 모두 석유 산업을 바탕으로 한 거잖아요. 산유국의 정권에 지분을 아주 조금 나눠준 뒤에 시추, 채굴, 생산, 수송, 정제, 판매, 유통, 서비스, 고객 관리 등 모든 과정에서 발생하는 이익은 석유 회사, 그것도 소위 '세븐 시스터

석유 시추선

즈(Seven Sisters, 엑슨, Bp, 텍사코, 소칼, 걸프 오일, 로열 더치 셸, 모빌)'라 불리는 석유 재벌들이 독점했습니다. 중동 사람들이 서구에 대해 갖는 박탈감의 실체가 바로 여기에 있습니다. 자기네 석유를 가져다가 잘 먹고 잘 살면서 오히려 지배까지 하니 얼마나 억울하겠습니까?

중동 사람들이 가만히 당하고만 있진 않겠죠? 그 첫 번째 움직임이 OPEC입니다. 산유국들이 OPEC을 1960년에 창설하면서 공동 전선을 형성합니다. 개별 국가로는 상대가 안 되니 공동으로 대응하자는 겁니다. 그러나 이들 산유국들을 다 합쳐도 그 영향력이 일개 석유 회사의 지사장 수준도 안 됐습니다. 합쳐 봐야 아무것도 없었으니까요. 산유국 정부는 석유 생산과 가격 결정에 참여할 수가 없었습니다.

1969년에는 배럴당 1.29달러까지 내려갑니다. 이때 OPEC이 공시 가격을 1.80달러로 고정해 달라고 요청합니다. 당시 산유국이 생산 단가에서 갖는 지분이 20% 정도였습니다. 그 돈으로 나라를 운영하는데, 2달러에서 1.29달러로 떨어지니까 정부가 휘청거리는 거죠. 시장의 논리라며 공시 가격을 낮추면 국정이 위태로워지니까 1.8달러 수준에서 고정하자고 제안한 겁니다. 반대로 서구는 산유국의 정치력을 약화시키기 위해 끊임없이 원유가 하락을 시도합니다.

한편 1951년 스위스에서 법학 박사를 받은 엘리트 출신의 무함마드 모사데크가 이란의 수상이 됩니다. 이 문제를 들여다보니 말이 안 되잖아요. 석유 회사들을 상대로 협상합니다. 정부 지분율을 올리라

이란의 석유 국유화를 선언했던 무함마드 모사데크

는 내용이죠. 그러나 석유 회사들이 말을 안 들을 뿐만 아니라 모사데크를 위협하려고 지분율을 더 낮춰 버립니다. 이때 모사데크도 극단적인 선택을 하여 1958년에 석유 국유화를 선언합니다. 석유 회사들은 나머지 지분율까지 묶어 버리고 6개월 만에 이란 경제를 고사시킵니다. 결국 모사데크 정권이 붕괴되지요. 처절한 실패였습니다. 석유 회사의 일개 지사장이 가진 힘이 이렇게 어마어마했습니다.

카다피의 새로운 석유 정책

이로부터 10년 뒤에 상황이 반전됩니다. 그 계기를 만든 사람이 누군지 아세요? 카다피입니다. 카다피는 육군사관학교를 1965년에 수석 졸업을 하고 영국 사관학교로 유학을 갑니다. 이때 리비아의 이드리스 왕이 영국을 국빈 방문합니다. 카다피는 리비아 왕을 수행할 의장대로 차출됐습니다.

영국 여왕과 자국 왕이 접견하는 자리에 근위병처럼 근접 경호를 하면서 카다피는 두 왕 사이에 오가는 모든 대화를 듣게 됩니다. 그 엄청난 석유를 어떻게 팔아넘겼는지, 자기 왕족들을 위해 무엇을 빼돌렸는지 등 내밀한 이야기를 다 듣습니다. 카다피는 함께 유학 간 군인들을 모아 왕정 타파를 모의합니다. 귀국한 뒤 청년장교단과 함께 중위 신분으로 1969년 9월 1일 혁명에 성공하고 왕정을 폐지합니다.

쿠데타를 성공한 뒤 카다피가 처음 손댄 분야가 바로 석유 가격입니다. 당시 옥시덴탈 오일 컴퍼니Occidental Oil Company의 아먼드 해머 회장에게 카다피가 '알현'을 신청합니다. 옥시덴탈의 트리폴리 지사장을 불러다가 휴스턴에 있는 회장을 만나게 해 달라고 한 거죠. 당시 카다피가 스물아홉 살이었습니다. 어쨌든 새로 대통령이 됐으니 격려차 들러 주십사 했겠죠? 해머 회장이 리비아 수도 트리폴리에 나타났습니다. 카다피 자서전에 보면 당시 상황이 자세히 묘사돼 있습니다.

해머 회장은 왼손에 담배 파이프를 들고 오른손은 호주머니에 집어넣고 대통령궁에 들어갔습니다. 카다피가 악수를 할 수 없었겠죠? 그렇게 인사도 제대로 하지 못하게 하고 의자에 앉습니다. 카다피가 먼저 인사를 건넵니다.

"먼 길 오시라고 해서 송구합니다. 리비아 경제를 살리려면 석유 가격 문제가 중요하니 회장님이 협조를 해 주시기 바랍니다. 48시간 이내에 리비아 정부에 내는 유가 지분율을 2배로 인상해 주시기 바랍니다."

해머 회장은 무척 화가 났겠죠? 스물아홉 새파란 청년이 감히 자기 앞에서 2배 인상을 요구했으니 협상이 될 리가 없죠? 5분 만에 협상은 결렬되고 회장은 돌아갑니다.

카다피는 트리폴리 지사장을 통해 이틀 뒤에 다시 면담을 신청합니다. 지난번 미팅 때 결례를 한 것 같으니 다시 만나고 싶다고 해서 2차 회담이 열립니다. 이때는 회장이 오른손을 호주머니에서 빼서 악수를 하고 앉았습니다. 빈틈을 주지 않고 카다피가 바로 치고 들어갑니다.

"지난번에는 제가 너무 무례했던 것 같습니다. 저의 제안에 대해 회장님이 기분이 상하지 않으셨으면 좋겠습니다. 제가 큰 실수를 한 것 같습니다. 리비아 정부에 내는 지분율을 100%가 아니라 400%로 인상해 주십시오. 48시간을 드리겠습니다."

해머 회장은 어떤 생각을 했을까요? 이란의 모사데크처럼 무너뜨려야겠다고 생각했겠죠? 미국 본사에 연락해서 리비아 석유에 대한 구입을 전면 중단하라고 지시합니다. 안 팔아 주는 거죠. 정부 지분율도 안 주잖아요. 그러면 3개월이 못 가서 무너질 거라고 생각한 겁니다. 고사 작전입니다.

그런데 카다피는 이 부분도 미리 연구를 해 뒀습니다. 당시 리비아 석유를 장악하고 있던 옥시덴탈은 인디펜던트 회사였습니다. 중동 석유를 장악한 세븐 시스터즈에 포함되지 않은 독자적인 석유 회사 중 가장 큰 회사였죠. 옥시덴탈은 리비아 석유만을 가지고 장사하던 기업이었으니 세븐 시스터즈 입장에서는 옥시덴탈이 눈엣가시였습니다. 자기 카르텔에 들어오지 않으면서 리비아 시장을 독점하고 있었으니까요.

옥시덴탈의 생각은 이랬습니다. 당시 엑슨이 석 달 치 정도 비축유를 갖고 있었습니다. 좀 비싸게 주더라도 엑슨 석유를 사다가 소비자에게 공급하면 그사이에 리비아는 무너질 것이라고 본 겁니다. 뉴욕에 돌아온 해머 회장이 엑슨에게 20% 비싼 가격을 주고 사겠다고 제안합니다만, 엑슨이 안 팔겠다고 거절합니다. 리비아에서 돌아가는 이야기를 듣고 있었던 거죠. 옥시덴탈이 망하는 게 엑슨한테 유리합니다. 반면 옥시덴탈은 석 달간 소비자에게 석유를 공급을 못하면 망합니다. 이제 급해진 건 옥시덴탈입니다.

해머 회장이 이제는 카다피를 찾아 삽니다. 만날 때마다 2배씩 뛰니까 800%나 1천 %를 부르지 않을까 싶어서 초긴장 상태가 됩니다. 이때 카다피가 선수를 칩니다.

"지난 두 번은 제가 큰 실수를 한 것 같습니다. 저의 제의가 너무나 경솔하고 현실에 맞지 않았습니다. 정부 지분율을 120%만 인상해 주십시오."

처음에 100%, 두 번째 400%를 불렀습니다. 세 번째 800%를 각오하고 있던 해머 회장에게 120%를 제안한 것입니다. 그때 120%가 당시 옥시덴탈이 감당할 수 있는 최대 인상폭이었다고 합니다. 카다피가 그 한계치를 알고 있었던 거지요. 해머 회장은 바로 그 자리에서 약속하고 서명합니다.

이 협상이 중동 석유 역사 60여 년 만에 처음으로 산유국 정부가 석유 회사를 상대로 가격 협상을 주도한 사례가 됩니다. 드라마틱한 전환이 일어나는 거죠.

물론 다른 산유국들에게도 좋은 사례가 됐습니다. 이젠 메이저들을 상대로 힘겨운 싸움을 벌이기보다는 산유국들이 똘똘 뭉쳐서 인디펜던트 석유 회사들을 공략하는 전략이 확산됩니다. 예를 들어 쿠웨이트, 리비아, 나이지리아 석유를 판매하는 인디펜던트 회사가 있다면, 세 나라 정부가 똘똘 뭉쳐서 석유 회사를 상대로 가격 협상을 주도하는 방식입니다.

옥시덴탈이 120% 올렸기 때문에 자연히 도미노 현상이 일어나겠죠? 인디펜던트 석유 회사들의 정부 지분율이 다 올라갑니다. 산유국은 지분율을 올린 회사들에게 석유를 무한 공급하고, 메이저들에게는 공급을 최소화합니다. 결국 메이저들도 가격 인상을 하지 않을 수 없게 만듭니다. 이 모든 변화의 기점을 만든 사람이 바로 카다피입니다.

그로부터 4년 뒤인 1973년에 또 한 번 드라마틱한 변화를 겪게 됩니다. 그쯤 되면 산유국들 힘이 상당히 커졌을 때입니다. 그때 제4차 중동 전쟁이 일어나지요. OPEC 산유국들이 똘똘 뭉쳐서 석유를 무기화합니다. 미국과 이스라엘에 협조적인 나라, 중도적인 나라, 적대적인 나라를 A, B, C 등급으로 나눠서 석유 공급량을 차별화합니다.

미국과 이스라엘에 협조적인 나라에는 석유 한 방울도 공급하지 않습니다. 중도적인 나라들에게는 제한적으로 공급하고, 적대적인 나라들에게는 무한 공급합니다. 이때 우리나라가 미국의 1급 에이전트 나라로 분류돼서 석유를 한 방울도 공급받지 못합니다. 국내 유가가 6개월 사이에 4배나 뜁니다. 당시 배럴당 11.69달러로 오르면서 제1차 오일쇼크가 우리 경제를 강타합니다.

오일쇼크로 석유 공급이 중단되었다는 신문 기사를 읽고 있는 한 시민

70년 가까이 2달러 하던 것이 갑자기 12달러 가까이 올랐으니 그 충격이 어땠을까요? 역사상 최악의 경제 위기라고 부를 만했습니다. 그 여파로 우리 외교부 장관이 급하게 특별성명을 발표하면서 PLO를 공식적으로 승인합니다. 곧이어 전반적인 외교 정책 또한 친아랍 쪽으로 선회합니다.

1979년에는 제2차 오일쇼크가 일어납니다. 배럴당 유가가 12달러에서 36달러까지 치솟습니다. 이때는 이란 혁명이 큰 변수였습니다. 최고 38달러까지 올랐습니다.

1981년부터는 유가가 안정기에 접어듭니다. 이때부터는 석유가 시장경제 원리에 따라 돌아갑니다. 수요와 공급에 따라서 유가도 움직입니다. 배럴당 20~30달러가 시장 가격으로 형성되면서 2000년까지 지속됩니다. 이 가격대가 정상적이라고 볼 수 있겠죠. 그런데 20세기 초반 60여 년을 2달러로 묶어 놨으니 왜곡이 일어나지 않을 수 없었던 겁니다.

21세기 들어서는 제3세계의 급속한 경제성장과 9 · 11 테러, 이라크와 아프가니스탄 침공, 이란 경제 제재 등의 영향으로 한때 배럴당 100달러까지 오르기도 했습니다만, 현재는 다시 안정을 찾아서 60달러 선에서 거래가 이뤄지고 있습니다.

정리해 보겠습니다. 석유가 발견된 지 1세기 만에 시장 원리에 의한 석유가가 형성되어 자원 보유국들이 1차적인 경제적 몫을 챙기고 있습니다. 하지만 석유 재벌들의 시장 점유율은 여전해서 수송, 정제, 유통, 판매 과정을 장악해 산유지 유가의 10배에 해당하는 부가가치를 차지하고 있습니다.

오늘날 선진국이라고 부르는 나라들은 자원을 보유한 아랍 산유국의 혜택을 탈취하고, 배럴당 2달러 미만이라는 거의 공짜에 가까운 가격에 원유를 공급받았습니다. 그래서 지난 60여 년간 이익을 얻고 선진 공업국으로 발돋움했습니다. 오늘날 서구 선진국들의 발전에 산유국들의 희생과 자원 탈취가 바탕이 됐다는 사실은 중요합니다.

OPEC이 결성되어 자원 되찾기 운동이 시작되고, 또 원유가 시장 가격으로 정착하게 된 것이 지극히 최근 일이란 사실은 우리를 서글프게 합니다. 이런 역사와 현실 때문에 오사마 빈 라덴의 주장이 중동 사람들에게 설득력을 가질 수 있었던 겁니다.

> 미국은 아랍 석유의 판매를 대행함으로써 노골적으로 그 수익을 도둑질해 왔다. 지난 25년 동안 석유 1배럴이 팔릴 때마다 미국은 135달러를 챙겼다. 이렇게 해서 중동이 도둑맞은 금액은 무려 하루 40억 5천 달러로 추산된다. 이것은 역사상 최대 규모의 도둑질이었다. 이런 대규모 사기에 대해 세계 12억 무슬림 인구는 1인당 3천만 달러(약 330억 원)씩 보상해 달라고 미국에 요구할 권리가 있다.
>
> _ 로레타 나폴레오니 지음, 이종인 옮김, 《모던 지하드》, 2004, 343쪽

어떻게 보면 황당한 논리입니다만, 그쪽 사람들이 이런 계산을 하고 있다는 게 중요합니다. 이런 메시지가 급진주의자들에게 먹혀들어가는 거죠. 우리는 이 주장에 동의할 수도, 동의하지 않을 수도 있습니다. 하지만 이 사람들이 이런 정서를 가지고 있다는 사실을 이해할 필요가 있습니다. 그 이해가 바탕이 되어야 급진주의를 어떻게 다뤄야 할지도 생각해 볼 수 있겠죠?

이슬람 세계를 단순히 종교적인 문제로 보기보다는 나름의 독특

한 역사와 문화를 가진 세계로 바라볼 필요가 있습니다. 경제적으로는 이 지구촌에서 우리와 함께 살아갈 전략적 파트너로 생각하면 좋겠습니다.

문화는 대결이 아니죠? 상호 소통하는 것이고, 또 유기적으로 연결돼 있는 것입니다. 특히 21세기에는 문화 다양성에 바탕을 둔 공존과 협력이 가장 중요한 덕목이자 가치 아니겠습니까? 이 관점에서 볼 때 전 세계 57개국 16억 인구의 이슬람 문화권을 적대시할 필요가 있을까요? 그보다는 이슬람을 있는 그대로 편견 없이 들여다보면서 그들을 끌어안을 수 있는 국가적인 전략을 고민해야 할 것입니다. 그래야 우리도 성숙한 국민이 되고 우리나라도 더 나은 경쟁력을 갖추지 않을까요?

지금까지 강의를 들으신 여러분들은 한국 사회에서 이슬람을 가장 잘 이해하시는 0.1% 슈퍼 엘리트가 되셨습니다. 축하합니다. 앞으로 새로운 주제로 또다시 뵙겠습니다. 고맙습니다.